V

34658

EXPOSITION UNIVERSELLE

DE LONDRES

EN 1851

MATIÈRES TRAITÉES PAR M. MICHEL CHEVALIER.

		Pages.
I.	Introduction.	1
II.	L'Occident et l'Orient.	5
III.	La Civilisation musulmane.	10
IV.	L'Europe.	14
V.	Le Fer.	18
VI.	La France et l'Angleterre.	23
VII.	La France et l'Angleterre.	28
VIII.	Conclusion.	35

L'EXPOSITION UNIVERSELLE

DE LONDRES

CONSIDÉRÉE SOUS LES RAPPORTS

PHILOSOPHIQUE, TECHNIQUE, COMMERCIAL ET ADMINISTRATIF

AU POINT DE VUE FRANÇAIS

Ouvrage dédié

AUX PRODUCTEURS DE LA RICHESSE UNIVERSELLE

Aide-toi, le Ciel t'aidera !

APERÇU PHILOSOPHIQUE

LETTRES ÉCRITES DE LONDRES

PAR

M. MICHEL CHEVALIER

Membre de l'Institut, ingénieur en chef, etc., etc.

PARIS

LIBRAIRIE SCIENTIFIQUE-INDUSTRIELLE

DE L. MATHIAS (AUGUSTIN)

QUAI MALAQUAIS, 15.

1851

EXPOSITION UNIVERSELLE DE LONDRES.

APERÇU PHILOSOPHIQUE.

I.

Introduction.

Les bonnes idées font leur chemin quelquefois sans que le public, approbateur de leur mérite cependant, soupçonne l'avenir qui leur est réservé. L'Exposition de l'industrie, imaginée après le traité de Campo-Formio comme un appendice aux fêtes célébrées en l'honneur du succès de nos armes en Italie, devint chez nous une solennité périodique de plus en plus éclatante et utile en France. En 1849, ce fut un des signes que la France se donna à elle-même de la vitalité qui survivait dans son sein aux violentes épreuves des révolutions. Le bâtiment des Champs-Élysées n'était pas démoli encore que l'idée de l'Exposition passait le détroit, acquérait sur le sol anglais des proportions nouvelles et plus grandioses, et suscitait le vaste et brillant concours dont nous sommes ici les spectateurs. C'est ainsi qu'un simple étalage, organisé principalement dans le but de jeter un peu de neuf sur l'appareil accoutumé des fêtes publiques, a donné lieu d'abord à une cérémonie nationale périodique du plus grand intérêt, et finalement a engendré ce qui se passe aujourd'hui à Londres, et ce n'est rien de moins qu'un événement, tenez-le pour certain.

Ce n'est guère ici le lieu de récriminer contre les siens; le sentiment dont on s'inspire à Londres, au milieu de l'Exposition universelle, est celui de la concorde. Comment le dissimuler pourtant, puisque l'histoire le dira? car l'histoire s'occupera de l'Exposition universelle comme d'un des plus grands faits de notre temps. La pensée de cette solennité était née parmi nous. En 1849, il avait été très formellement question de donner à notre Exposition le caractère d'un concours entre tous les peuples; l'administration s'y montra favorable; elle en fit, et ce fut son tort, le sujet d'un débat officiel dans les chambres de commerce; et une intrigue, notoirement ourdie à Paris, fit retourner en majorité des réponses négatives devant lesquelles l'administration, supposant, avec une humilité excessive, que l'opinion du pays repoussait son projet, fit taire son propre désir. Ainsi nous fut ravi ce développement suprême d'une idée qui, éclose parmi nous il y a un demi-siècle, y avait reçu jusque-là tous ses agrandissements successifs. Ainsi, nous avons laissé échapper l'occasion de manifester une fois de plus l'initiative, qui nous a si souvent distingués au milieu de la civilisation, des desseins les plus grands, les plus généreux, les plus utiles. Mais comprimons ces regrets, dont l'amertume gâterait l'admiration qu'inspire le tableau étalé sous nos yeux : excepté pour notre amour-propre national, il n'y a pas à déplorer que l'exposition universelle se soit faite à Londres pour cette fois, qui ne sera pas la dernière.

D'abord, par la mer, Londres est plus accessible que ne l'est Paris aux produits étrangers. En second lieu, nos règlements trop minutieux de la douane eussent donné des embarras; et enfin, et surtout, deux circonstances qui donnent du relief à l'Exposition de Londres ne se fussent pas réalisées chez nous : je veux parler du procédé par lequel l'Exposition a été instituée sans que le gouvernement s'en mêlât, et du bâtiment même où elle se tient, et qui est un des plus beaux ornements de la fête, le plus surprenant selon plus d'un bon juge.

Oui, cette Exposition s'est préparée, s'est organisée et s'accomplira jusqu'au dernier terme en dehors de la tutelle administrative. Les dispositions ont été prises, les plans dressés, les travaux exécutés, sans que l'autorité puisse en revendiquer l'initiative, sans qu'elle eût jamais ambitionné de tenir l'entreprise sous son patronage. Pour cette Exposition de Londres, il y a eu vingt fois plus d'arrêtés ministériels rendus, de circulaires officielles signées et publiées, cent fois plus de paperasses noircies dans les bu-

1

reaux de notre ministère du commerce que dans ceux de l'administration correspondante (le *Board of Trade*) à Londres. Sans doute un grand personnage, dont la position officielle est extrêmement élevée, le prince Albert, y a pris la plus large part, mais c'est à titre individuel; c'est son influence personnelle, plus considérable encore que son rang, que seule il a songé à mettre en jeu, que seule il y a mise.

Voici comme les choses se sont passées. Dans le sein d'une société qui existe non par l'investiture ou la permission de l'autorité, mais par le zèle spontané de ses membres, la Société des Arts, le prince Albert, qui en fait partie, émit, le 15 juin 1849, dans des termes qui lui font le plus grand honneur, et sur lesquels je pourrai bien revenir quelque jour, l'idée d'une Exposition universelle. La proposition fut goûtée par la Société, qui se mit à préparer les voies, en adressant des recommandations personnelles aux principaux chefs d'industrie. Là-dessus pourtant pas de loi, ni d'ordonnance, ni d'ordre en conseil. Ce sont quelques personnes en très petit nombre, le prince Albert et trois ou quatre autres hommes dignes d'être ses collaborateurs dans ce magnifique dessein, qui, à titre privé, se réunissent, discutent, proposent et disposent provisoirement. L'entreprise est reconnue possible. Bien. Le comité de la Société des Arts en pose les bases d'une manière générale. Après avoir pris le temps de se reconnaître, et après quelques tâtonnements bien naturels, un appel est fait aux souscriptions volontaires, afin de se procurer la somme à laquelle se monteront les frais, y compris 500,000 francs pour les médailles et les récompenses. On obtient bientôt ainsi 65,000 liv. st. (1,625,000 francs); la somme est ronde, mais c'est manifestement insuffisant. Alors, comment faire? Des entrepreneurs courageux, MM. Munday, offrent de se charger de tout à leurs risques et périls. On leur témoigne une reconnaissance sincère, mais on les refuse. C'eût été se soumettre à un contrôle gênant, plus que gênant, malgré la grâce parfaite avec laquelle se présentaient MM. Munday et la déférence profonde qu'ils témoignaient envers les fondateurs. Alors un noyau d'hommes considérables apparaît sur la scène. Ces excellents citoyens s'engagent pour de grosses sommes, en cas que les recettes qu'on attend de la vente des billets ne couvrent pas les dépenses. Un membre du Parlement, M. S. M. Peto, donne le signal; il signe pour 50,000 liv. st. (1,250,000 fr.); après lui, c'est entre autres M. Jones Loyd, récemment promu à la pairie sous le titre de lord Overstone, financier instruit, auparavant banquier. Les notabilités financières de la Cité se groupent autour d'eux. On rassemble aussi une masse d'engagements individuels, montant à 200,000 liv. st. (5 millions de francs); sur quoi la Banque d'Angleterre, tenant avec raison la garantie pour très valable, se déclare prête à faire toutes les avances. L'entreprise, de ce moment, est sauve : c'est Colomb qui a son navire après l'avoir tant souhaité. Il n'y a plus dès lors qu'à faire venir les architectes. Mais le temps presse : on est en juin 1850, et l'ouverture de l'édifice non commencé, pour lequel on n'a pas même de plan arrêté, est annoncée à l'univers pour le 1er mai 1851. En tout ceci, l'intervention de l'autorité s'est bornée à ce que la reine nommât officiellement la commission chargée de diriger l'entreprise. Il le fallait, moins encore pour entraîner l'adhésion unanime des chefs de l'industrie britannique, que pour investir la commission d'une influence effective vis-à-vis des peuples et des gouvernements étrangers dont il fallait le concours. C'est une circonstance à mentionner, qu'à un certain moment l'administration fut sollicitée de prendre une grande part à la direction de l'entreprise; on lui disait que c'était indispensable au succès de l'entreprise. Mais, appréciant sainement le rôle qui lui convient, et justement confiante dans la puissance d'un public façonné de longue main à faire lui-même ses affaires, elle a, sans hésitation, repoussé cette offre, qui, en tout autre pays, eût été pour l'autorité une tentation irrésistible, et l'événement lui a complétement donné raison. L'Exposition a été ouverte au moment voulu ; tout s'y passe avec ordre, tout y fonctionne admirablement. Quant au côté financier de l'entreprise, il est parfaitement satisfaisant. Il faudra au delà de 200,000 liv. st., mais, au moment où je parle, on en a déjà reçu 150,000, sans toucher à l'engagement de 200,000, dont M. Peto avait donné le signal. La recette à la porte est toujours croissante; elle s'élève actuellement à 3,000 liv. st. (75,000 francs) par jour. Il est à peu près certain qu'il y aura un excédant considérable.

Je suis frappé à chaque instant de cette qualité qu'ont les Anglais de se rapprocher, de se concerter dans l'intérêt commun, de tirer spontanément de leur sein une force collective devant laquelle tous les obstacles s'aplanissent, tous les mauvais vouloirs s'inclinent, respectueux ou intimidés, sans que l'autorité ait à enrégimenter les citoyens, à les aligner, à leur donner le mot d'ordre et le signal. Cette qualité précieuse, je l'envie pour mon pays, parce que c'est la qualité des peuples vraiment libres, et j'estime que hors de la vraie liberté il n'y a pas d'avenir pour nous. C'est ainsi seulement qu'une nation montre son aptitude à se gouverner elle-même, au lieu d'être indéfiniment gouvernée, réglementée, manipulée, foulée. C'est ainsi seulement que le gouvernement de la majorité est sincère et qu'il est stable. C'est sur cette base seule que peut se fonder comme sur le roc le règne de la loi. On est en quête dans notre patrie maintenant, avec une anxiété que je conçois et que je partage, de quelque moyen qui soit propre à mettre la société à l'abri des coups de main de minorités infimes par la qualité de leurs éléments ou par le nombre. Je n'imagine pas qu'il en existe un autre que cette vertu si apparente en cette île qui fait de l'homme un animal politique, comme on dit ici; un être éminemment propre à la vie sociale, comme disait Aristote. Seule en effet elle donne à la société une cohésion indestructible. Seule elle communique à la majorité une énergie magique, et lorsqu'il faut agir, et lorsqu'il faut résister à une surprise, et lorsqu'il faut refouler l'oppression d'où qu'elle vienne, d'une troupe de factieux ou des dépositaires constitués du pouvoir. Tant que nous ne nous serons pas attribué ce bel attribut de la race anglo-saxonne, attendons-nous à être sans fin le jouet des révolutions. Rien ne nous en sauvera, pas même la tyrannie, qui compte pourtant chez nous tant de secrets partisans, tant d'adorateurs qui, au fond de leur cœur, lui ont érigé un petit temple. La tyrannie, même avec des troupes d'espions et des myriades de baïonnettes, n'offre pas un asile assuré contre les audacieuses tentatives des minorités, celles-ci fussent-elles toutes petites. Les moindres minorités, en effet, ont contre la tyrannie la mieux servie la ressource des conspirations qui, à la faveur des habitudes mêmes que donne la tyrannie, peuvent avoir le plus insigne succès. A ceux qui en douteraient, je ne rappellerai pas les innombrables catastrophes qui, dans la Rome impériale ou à Constantinople, ont ensanglanté ou souillé le trône des Césars. Je ne leur citerai pas la fin cruelle de Paul Ier. Je leur mentionnerai seulement le nom de Malet, qui s'attaquait pourtant au pouvoir du plus grand homme des temps modernes.

Il eût donc manqué, dans l'Exposition universelle, si elle avait eu lieu hors de l'Angleterre, le grand enseignement politique et social qui ressort de la manière dont elle s'est organisée. Il y eût aussi manqué un monument merveilleux de l'industrie humaine. Vous savez déjà l'histoire pittoresque du bâtiment dans lequel l'Exposition est renfermée. Il y a peu de jours, une plume chérie du public l'a racontée encore dans vos colonnes, et a célébré justement le nom de l'architecte habile à qui est dû le *Palais de Cristal*. Je ne vous ferai pas la description technique de ce palais en fer et de verre, dont le dessin a été répandu dans les quatre parties du monde avec profusion. Il n'y a qu'une voix sur les mérites de cette construction. C'est élégant et c'est simple, c'est grandiose et c'est commode, c'est inondé de lumière, c'est de l'abord le plus facile. Tout y a été prévu, la pluie la plus abondante et l'incendie. Il fallait de la vapeur pour mettre en action les nombreuses machines et les nombreux métiers établis dans la salle des mécaniques, car on a voulu faire jouir le public de l'intéressant spectacle des ateliers en activité : voilà des tuyaux qui distribuent où on le veut la vapeur que produit un vaste générateur constamment en ébullition dans un pavillon extérieur. Il fallait de l'eau pour donner la représentation de quelques machines hydrauliques en mouvement : il y a une distribution d'eau. Un télégraphe électrique est là pour porter à chaque instant, à un bureau central, tout ce qu'on peut avoir à communiquer à la direction. C'est spacieux à ce point, qu'un palais deux fois long comme celui de Versailles pourrait s'y déployer à peu près. Il n'y a nulle part rien qui puisse en donner l'idée, ni par les dimensions, ni par le style, ni par l'agencement des parties les unes avec les autres, ni par le nombre infiniment petit auquel ont été ramenées les pièces nécessaires à la composition de cette vaste structure. En vérité, on pourrait dire qu'elles se réduisent à deux : une colonne et un certain panneau à trois compartiments. Quand on songe que tout cela a été conçu, adopté, moulé, fondu, ajusté, posé et recouvert d'un vitrage de toute part dans l'intervalle de quelques mois, on se croit dans le royaume des fées. Le Palais de Cristal n'était possible qu'en Angleterre. Il atteste ce que peut l'industrie des fers en ce pays, la puissance des moyens dont elle dispose, et le degré d'économie auquel a été portée ici la fabrication de cette matière première indispensable à tous les arts. Autrefois, il y a un siècle, l'industrie anglaise des fers était fort modeste, on ne faisait que du fer au bois ; c'est un mode de fabrication qu'on s'obstine encore à maintenir sur de grandes proportions en France. L'Angleterre alors fabriquait environ 17,000 tonnes de fer en gueuse, ou fonte brute. La tonne est un poids de 1,000 kilogrammes à très peu près. Quand le dix-huitième siècle se ferma, on n'en était encore qu'à 150,000 tonnes ; l'industrie du fer à la houille n'avait pas encore bien affermi ses procédés. On importait alors 40,000 tonnes de fer, presque tout forgé. En 1806, on atteignait 258,000 tonnes. En 1825, c'était plus que doublé : on était à 581,000. Quand les chemins de fer prirent leur grand essor, en 1835, on était arrivé à 1 million de tonnes. En 1847, c'était doublé. Maintenant on en est à 2 millions 200,000. C'est beaucoup plus que tout le reste du monde ensemble. Il est vrai qu'on en exporte beaucoup. L'exportation en 1849 a été de 700,000 tonnes. On n'a cependant pas cessé d'en importer une certaine quantité, particulièrement du fer de Suède que l'on convertit en acier ; c'est une fabrication pour laquelle le fer de Suède est incomparable. L'importation, depuis quelques années, est de 25,000 à 30,000 tonnes de fer forgé, ce qui répond à 35 ou 42,000 tonnes de fonte.

Mais sous quels auspices s'est tant étendue cette fabrication? Sous les auspices d'une puissance qui agrandit comme par enchantement la consommation et provoque sans cesse le perfectionnement de toutes les marchandises, sous les auspices du bon marché. Autrefois le fer anglais était cher, même fabriqué à la houille ; le plus gros fer, le n° 1, qui exige une seconde façon avant de servir même aux usages les plus humbles, se vendait en moyenne 440 fr. la tonne. En 1822 et 1823, il était tombé à moitié. Depuis un an, c'est de 125 fr. à 150 fr. Quant à la fonte brute, elle a baissé dans la même proportion. Sur le grand marché de Glasgow, elle ne vaut plus que 2 livres et demie (63 fr.) la tonne. Jusqu'en 1840, il était à peu près sans exemple qu'on l'eût vue au-dessous de 100 fr. Au commencement du siècle, c'était bien autre chose. Sous l'influence de causes dont je n'ai pas à donner ici le détail, pareil phénomène s'est manifesté pour l'autre matière dont ce bâtiment est fait, le verre. Le verre a beaucoup baissé de prix en Angleterre depuis une dizaine d'années, et la consommation s'en est de même beaucoup développée. L'augmentation même de la consommation a, tout comme pour le fer, réagi sur la fabrication, et y a introduit des améliorations marquées.

Voilà comment il se fait que lorsque M. Paxton a apporté son plan d'un édifice en fer et en cristal, on n'a dû être effrayé ni de la dépense ni du temps qu'il faudrait pour l'ériger. Ce fer fondu tout façonné ne revient vraisemblablement qu'à 130 fr. environ les 1,000 kilogrammes. En France maintenant, à une époque de prix relativement et momentanément avilis, vous le payeriez plus du double, et c'est une des raisons pour lesquelles on nous a fait toujours pour l'Exposition des baraques provisoires en planches et en plâtre, basses, mal aérées, mal éclairées, quelque talent qu'eussent les architectes, et très coûteuses par la condition même qu'il fallait subir de les démolir à chaque cérémonie.

Mais ce n'était pas seulement l'économie d'argent qui importait ; l'économie de temps était plus précieuse encore, il la fallait absolument. C'est encore le bon marché qui l'a procurée. Quand un article usuel est à bon marché, par cela même qu'il s'en consomme beaucoup le nombre des ouvriers qui excellent à le manier est considérable. Ici donc on n'a eu qu'à faire un signe pour voir accourir une multitude d'hommes habiles à préparer, à finir, à poser les colonnes et les châssis de fonte et les plaques de verre. C'est ainsi qu'en trois ou quatre mois l'édifice a pu être terminé. Partout ailleurs, même avec beaucoup de bonne volonté, on y eût mis plus d'un an.

Le bon marché est un grand magicien. Quand une nation se l'est assuré, elle possède la lampe d'Aladin pour accomplir en un clin d'œil des œuvres merveilleuses ; et il est bon à autre chose qu'à susciter des prodiges du genre du Palais de Cristal. Il n'a pas peu contribué à fournir à l'Angleterre le moyen de traverser sans secousses une période où la plupart des peuples rencontrent sur leur chemin le redoutable génie des révolutions. Je vous signalais tout à l'heure un attribut du caractère anglais que je considère comme le fondement moral de la stabilité de leurs institutions. Le bon marché en est aujourd'hui la fondation matérielle. Ne cessons pas de le recommander chez nous. Il nous faut le bon marché des matières premières, le bon marché des produits usuels. C'est l'abondance du travail et la vie du bon marché. Rien n'est plus digne de la sollicitude active de quiconque aime la patrie.

Mais au milieu de ces réflexions je m'écarterais de l'Exposition. J'y reviendrai dans une prochaine lettre.

II.

L'Occident et l'Orient.

Vous connaissez ces basiliques, siéges des tribunaux sous l'empire romain, dont les chrétiens firent des églises, et à l'image desquelles ils en édifièrent de nouvelles quand ils furent les maîtres. C'étaient de grands bâtiments allongés, aérés, bordés de galeries, et recouverts d'une charpente. Tel est à peu près, dans sa donnée générale, le bâtiment de l'Exposition. Il consiste principalement en une grande nef longue de 564 mètres, large de 22, haute de 19. A droite et à gauche s'étendent, sur toute la longueur, en guise de galeries, des bas-côtés très spacieux en deux hauteurs, donnant à l'édifice, au rez-de-chaussée, une largeur totale qui va jusqu'à 139 mètres. La superficie couverte est ainsi de 8 hectares. Chez nous, à la dernière Exposition, ce n'était pas tout à fait de 2 1/2 ; et encore aux 8 hectares convient-il d'ajouter le plancher intermédiaire qui existe dans les galeries seulement, là où elles ont leur plus grande élévation. C'est, à proprement parler, dans les galeries que l'Exposition se tient tout entière. Au milieu de la longueur de la nef, pour donner plus de solidité à l'édifice, on a judicieusement placé un transept ; c'est une nef perpendiculaire à la première, mais plus élevée, elle a 32 mètres, et le toit qui la recouvre, au lieu d'être plat, décrit un gracieux demi-cercle. Deux des arbres séculaires de Hyde-Park, qu'on a jugé à propos de respecter, déploient sous ce transept leur taille imposante et cette carrure touffue qui est plus habituelle aux arbres de ce pays-ci qu'aux nôtres. Dans cette construction en fer, où la lumière se verse par torrents, au travers d'un vitrage d'une exécution parfaite, chaque nation a son quartier, et la répartition de l'espace a été fort simple. On a donné à chacune tant ou tant de longueur en façade sur la nef longitudinale, selon qu'elle avait plus ou moins de produits, avec toute la profondeur à droite et à gauche de la nef, et on lui a laissé le soin de distribuer le territoire entre ses exposants. Il est convenu que l'on empiétera à peine sur la nef. Celle-ci reste donc comme une grande avenue servant de promenade, où l'air circule et remonte sans obstacle jusqu'au vitrage, qui forme le comble, pour s'échapper par un grand nombre d'ouvertures. Seulement, d'espace en espace, en suivant l'axe de la nef, on y a disposé des objets d'art, des statues en bronze, en zinc, en fer, ou des trophées, ou des faisceaux artistement groupés de marchandises de luxe, ou des articles d'une dimension inaccoutumée, tels qu'un orgue français, une vaste cage où sont de beaux vitraux d'église autrichiens, un énorme morceau de minerai de zinc des États-Unis, un appareil de phare à la Fresnel, un bloc d'alun anglais grand comme une tourelle ; on y distingue un échantillon d'argent natif du Chili et le magnifique télescope qu'a fait construire pour son observatoire particulier lord Ross, le digne président de la Société royale de Londres. Comme pour mêler des souvenirs plaisants à cet étalage d'objets, les uns sévères, les autres éclatants, presque tous imposants par leur masse, dans cette file du milieu on a placé une monstrueuse jarre à huile, de la poterie la plus primitive, qui porte en toutes lettres le nom du village du Toboso, rendu célèbre par les amours du chevalier de la triste figure ; c'est de là qu'elle vient. On y remarque encore des fontaines avec leurs jets d'eau, leurs vasques ou leurs bassins, qui laissent échapper une onde pure et abondante ; il y en a en pierre, il y en a en marbre, il y en a en fonte de fer, un entre autres de M. Andre, du val d'Osne, un de nos plus habiles fondeurs, qu'une mort prématurée a ravi ces jours derniers à l'industrie française. Il y en a une, qui n'est pas la moins haute (elle a 8 mètres), et qui est fort élégante et du plus bel effet, toute en cristal, de la maison Osler, de Birmingham. Parmi les curiosités ainsi distribuées le long de la nef, et le long desquelles se répandent les flots de visiteurs, on signale au curieux l'incomparable diamant nommé Koh-i-nor, ou Montagne de lumière, récente conquête rapportée de l'Inde, qui vaut un million sterling, deux millions, que sais-je? plus encore. Dans sa petite taille, il représente peut-être la moitié de la valeur de tous les objets exposés; il n'en est pas moins éclipsé. Sous sa cage dorée, nu, sans monture, il ne paraît rien; il semblerait qu'on l'ait placé là pour rappeler au public, au milieu de cette pompe de l'industrie, que la richesse, lorsqu'elle est seule, est un titre bien médiocre, quoiqu'elle s'en fasse accroire à elle-même, et que, de même que c'est l'utile qui règne en ce lieu, il est commandé à tous, dans notre temps plus qu'à aucun autre, de payer un tribut personnel de services à la société quand on veut attirer à soi l'estime et le respect.

On fait donc une espèce de voyage autour du monde quand, descendant cette grande nef, on pénètre tour à tour à droite et à gauche dans les galeries latérales. On passe en effet ainsi en revue les productions principales de toutes les nations les unes après les autres, méthodiquement classées, et par ces productions un observateur philosophe pourrait, avec un peu d'effort, se faire une idée assez nette de leurs usages, de l'état de leurs sciences et de leurs mœurs. C'est une pérégrination qui n'est pas sans analogie avec celle qu'Homère nous fait faire quand il nous promène dans le camp des Grecs ou dans celui où sont réunis les peuples de l'Asie et de l'Afrique, conjurés pour la défense d'Ilion, ou quand il nous décrit par la bouche d'Hélène les héros grecs assemblés devant Troie. Une des impressions qui ressortent aussitôt de cet examen, c'est la différence, je ne dis pas assez, l'inégalité extrême entre les deux civilisations occidentale et orientale; entre les deux il y a, j'allais dire un abîme, mais je ne veux pas employer ce mot, car il signifierait que la fusion est impossible, et par conséquent il impliquerait qu'à un moment donné les Orientaux doivent être réduits en servitude par les nations de l'Occident pour n'avoir plus d'avenir qu'une oppression à perpétuité; or l'âme tout entière se soulève contre une prévision semblable. Mais avant d'aller plus loin il me faut expliquer de mon mieux les termes que j'emploie.

J'entends ici, par la civilisation occidentale, celle à laquelle, nous Français, nous appartenons, et dont nous avons été longtemps les coryphées. Elle se compose des peuples chrétiens. Elle s'est rendue maîtresse du nouveau monde et se l'est incorporé, sauf quelques régions spacieuses, désertes encore, siéges de puissants empires futurs dont l'embryon est présentement connu de Dieu seul. Elle domine sur tous les océans; elle sème de ses enfants tous les archipels. Sur le globe tout entier les positions stratégiques sont à elle; elle étreint maintenant vigoureusement le continent africain par le midi, qui appartient aux Anglais, et par le nord, où la France a planté son étendard. Quant à l'Asie, si vaste, si populeuse, si diverse dans ses climats et dans ses fruits, elle la serre pareillement de près et du côté du soleil, et du côté du septentrion, par les Anglais dans l'Inde et par la Sibérie, où l'appât des mines d'or attire maintenant les hommes. Cette civilisation occidentale a maintenant imprimé un sentiment indélébile de respect et de terreur à tous les peuples asiatiques, dont le plus nombreux, le plus considérable et le plus avancé qualifiait naguère les Occidentaux de *barbares aux cheveux rouges*.

La civilisation occidentale partie de l'Inde, à ce qu'on assure, a procédé de l'est à l'ouest par une suite d'étapes; elle s'est portée en avant graduellement, mais fièrement, et sans jamais faire de très longs temps d'arrêt nulle part. Elle est ainsi venue par degrés d'abord jusqu'aux confins de la Méditerranée, ensuite jusqu'à nos rivages de l'océan Atlantique, puis jusqu'aux vallées orientales de l'Amérique, des bouches du Saint-Laurent à celles de la Plata et au cap Horn, et elle a implanté tout dernièrement des populations pleines d'ardeur sur le versant occidental du nouveau monde, en Californie. Dans le cours de ce laborieux pèlerinage, marqué de tant d'épisodes majestueux ou terribles, elle a, de distance en distance, changé pour le mieux ses lois et ses mœurs, sa pratique et sa science. Chez elle ainsi tout se transfigurait de loin en loin, tout, jusqu'à la religion, qui est la loi suprême, le point culminant de la théorie, la dominatrice des idées et des usages, et son industrie en particulier s'est perfectionnée d'une manière continue.

La civilisation orientale, moins audacieuse, moins énergique dans sa marche, s'est étendue de même, mais en sens inverse, allant de l'ouest à l'est, et subissant aussi de grandes métamorphoses ; c'est ainsi que, sortie de même de l'Inde, elle a constitué l'empire de la Chine et celui du Japon. Elle compose une famille toute distincte de la nôtre, et qui en diffère tout autant par l'industrie que par le génie et par les doctrines philosophiques et religieuses. L'Inde, la Chine et le Japon, qui sont les plus beaux fleurons de sa couronne, forment plus que la majorité numérique du genre humain.

Entre la civilisation occidentale et celle de l'Orient, une troisième est placée comme un intermédiaire : c'est celle des peuples musulmans, civilisation où la sève a cessé de monter depuis quelques siècles ; conservatrice des sciences et même du dépôt des lettres il y a huit ou dix siècles, quand l'Europe était dans les langes grossiers du moyen âge, aujourd'hui de la plus crasse ignorance ; autrefois transmettant à l'Europe les inventions ou les productions de l'Orient extrême, comme la boussole, la numération décimale, la culture de la canne, du riz et du coton, désormais suivant de loin et d'un pas haletant la civilisation occidentale, à la voix ou plutôt sous le fouet de quelques princes à volonté forte et de quelques ministres intelligents auxquels la postérité décernera une palme, mais que leurs nationaux aujourd'hui, ne les comprenant pas, détestent au fond de leur cœur.

Ces trois civilisations méritent d'être étudiées séparément, au moins dans leur ensemble, à l'Exposition. Elles s'y font reconnaître aussitôt. Voici le quartier du grand Orient, la Chine et l'Inde, les archipels asiatiques ; le Japon y manque ; c'est l'effet et le signe de l'isolement dans lequel cette nation persiste à se tenir enfermée. Dieu sait si c'est longtemps encore qu'entre les Anglais à Hong-Kong et les Américains à San-Francisco, les portes du Japon, quelque sévèrement gardées qu'elles soient, peuvent tarder à être forcées. En somme, l'espace qu'occupe cette civilisation dans le Palais de Cristal est fort médiocre. J'y remarque une certaine variété de matières premières ; mais ce n'est qu'une partie de ce qu'elle aurait à en montrer ; de même pour les substances alimentaires. Quant aux objets fabriqués, son contingent, du moins pour ce qui concerne la Chine, n'est pas non plus, à beaucoup près, ce qu'il pourrait être. Cependant il y en a assez, non pour donner une idée détaillée de tout ce que ces peuples font des matières qu'ils emploient et de toutes les manières dont ils les emploient, mais pour qu'on puisse se former une opinion de leur puissance sur le monde, de leur aptitude générale à se procurer les éléments principaux du bien-être.

Quand on fait le tour du Palais de Cristal, on est frappé d'un caractère général qui distingue l'industrie des Occidentaux de celle des Orientaux.

Le Chinois est extrêmement adroit de ses mains ; ce qu'il fait de ses dix doigts souples et agiles avec quelques bouts de bambou et de ficelle, sur de méchants escabeaux de bois, est surprenant, étourdissant. Plus restreint dans son industrie que les Chinois, l'Indou fait, dans plusieurs des branches qu'il cultive, des tours d'adresse non moins merveilleux, et il y joint souvent un goût extraordinaire. Des anges obligés d'user des mêmes expédients ne feraient pas mieux que ces deux types de l'Orient. Quant à nous, gens de l'Occident, si nous y étions réduits, nous tomberions au dernier degré de gaucherie et d'impuissance, et, partant, de misère. Oui, mais c'est que nous avons d'autres tours. Ce ne sont pas nos dix doigts qui sont nos meilleures machines. Nous avons saisi la nature elle-même d'un poignet de fer, avec des doigts acérés. Par la force de notre esprit, par notre persévérance infatigable, par l'analyse, que nous manions comme une hache tranchante à laquelle rien ne résiste, nous l'avons excédée, nous l'avons domptée, nous la contraignons de nous révéler chaque jour quelqu'un de ses secrets, de nous délivrer quelqu'une de plus parmi les forces qu'elle portait silencieuses dans son sein, et de travailler pour nous. Dans l'industrie, partout aujourd'hui, excepté dans les domaines de la civilisation occidentale, le genre humain est un serviteur écrasé de labeur. Mais dans l'Occident il n'est plus l'homme de peine désormais ; selon l'expression d'un de nos prélats, il est le contre-maître qui surveille, ou il le devient chaque jour. Voilà l'origine de la puissance que possède aujourd'hui la civilisation occidentale, de cette immense supériorité que constate si bien en elle l'Exposition de Londres, mais qui ne lui a été définitivement acquise que dans les temps modernes. Ce groupe de nations surpasse le reste du genre humain dans l'industrie autant qu'il le domine par la guerre, parce que la nature est son esclave et lui donne avec soumission le concours de sa puissance. Les cours d'eau et les courants d'air sont à l'œuvre pour lui. Dans les entrailles de la terre, souvent à d'effrayantes profondeurs, sous la garde d'une sorte de dragon invisible plus redoutable que les monstres de la Fable, *le grisou*, il y a des amas de charbon, reliquat d'une végétation luxuriante, qui remonte à des milliers de siècles ; on va le chercher malgré tous les obstacles ; on en fait de la chaleur, c'est-à-dire de la force, qui développe dans les substances soumises à son action une multitude d'autres forces ; on en fait de la vapeur, c'est-à-dire encore de la force. Les attractions chimiques, l'électricité stationnaire et l'électricité en mouvement, le froid et le chaud, la lumière du jour et l'ombre de la nuit, la pesanteur des solides, des liquides et des fluides gazeux ; la ténacité, l'élasticité, la capillarité, les affinités, tout ce qui est de la force, en un mot, reconnaît la loi des Occidentaux ou la reconnaîtra demain, à moitié, aux trois quarts ou sans réserve ; car cette civilisation occidentale ne se rebute pas : elle marche partout et en tout sens ; elle n'a jamais dit son dernier mot ; l'obstacle ne sert qu'à exciter en elle une ardeur nouvelle. Jusqu'à elle, la mer était une limite infranchissable ; le cœur battait, Horace nous l'a dit, à celui qui s'aventurait sur les vagues, même paisibles, de la Méditerranée. Aujourd'hui, pour elle, la mer est un lien commode et économique, et c'est un peuple insulaire, entouré d'une mer agitée, le même que le prince des poëtes latins nous dépeignait, il y a dix-huit cents ans, comme absolument isolé du reste des hommes, qui actuellement a le plus de relations avec tous les points du globe. A plus forte raison, pour la civilisation occidentale les fleuves sont-ils ce qu'a dit Pascal, *des chemins qui marchent et portent où l'on veut aller*. Les montagnes avec leurs cimes escarpées, leurs précipices et leurs neiges éternelles ne l'émeuvent ni ne l'arrêtent ; on sait les percer de part en part. Pour donner à sa puissance des engins dignes d'elle, proportionnés aux forces et aux agents de la nature auxquels ils servent de prison ou d'instruments, il lui a fallu des métaux en quantité, et surtout du fer, beaucoup de fer, encore du fer. Elle l'irait chercher jusqu'au centre de la planète, si elle soupçonnait qu'il y en eût là une mine plus abondante. Par le moyen des auxiliaires obéissants qu'elle s'est donnés, elle parviendrait jusqu'au gîte, malgré l'épaisseur des rochers, malgré les courants souterrains ; elle arracherait le métal, s'il le fallait, aux combinaisons les plus intimes et les plus complexes. Ce signe de l'abondance du fer dans la civilisation occidentale est à noter comme un trait caractéristique. L'empire romain, au faîte de la grandeur et de la force, ne produisait pas, vraisemblablement, le quart, ni peut-être le dixième de ce qu'en fait la France actuelle ; et l'Angleterre en produit quatre ou cinq fois autant que notre patrie. Il y a près de deux mille ans qu'un poëte l'a dit de la civilisation occidentale, en la désignant par le nom de son père, Japhet : L'audace est son nom ; mais c'est, le plus souvent au moins, l'audace résolue et calme, l'audace qui ne se lasse pas et pour laquelle une conquête n'est que l'instrument d'une acquisition nouvelle ; l'audace digne de l'empire, parce qu'elle reste maîtresse d'elle-même.

Notre civilisation occidentale, comme les magiciens des *Mille et une Nuits*, qui ont des génies à leur service, dispose donc de forces innombrables, toujours plus variées et toujours croissantes d'intensité et de docilité. C'est de cette façon qu'elle a établi sa prééminence dans l'industrie, et qu'elle l'affermit sans cesse. Car, que l'on y regarde bien, toutes les questions industrielles sont des questions de force. L'homme n'a pas ici-bas la puissance de créer un atome de matière, quoique dans son orgueil il aime à s'arroger la qualité de créateur. Tout ce qu'il nous est donné d'accomplir, c'est du mouvement. Nous transportons les corps, nous déplaçons les molécules, nous les séparons ou les rapprochons, nous les disjoignons ou les combinons. Mieux transporter, déplacer avec plus de succès, séparer ou combiner plus rapidement ou plus aisément, c'est à cela que reviennent tous les progrès de l'industrie. C'est ainsi que se résout de mieux en mieux parmi nous le problème de l'abondance des produits de toute sorte, ou si vous aimez mieux une autre formule plus vivante et plus humaine, celui de la vie à bon marché, dont de nos jours doit sans cesse être préoccupé dans ses veilles quiconque aspire au titre d'homme d'État, quiconque veut contribuer à la prospérité et au bon ordre des sociétés.

Les différences les plus saillantes qui distinguent si nettement l'industrie des Occidentaux de celle des Orientaux découlent de ce qui vient d'être exposé. Nous avons infiniment plus que les Orientaux la puissance de transformer les matières premières, parce que nous nous sommes approprié infiniment plus de forces de toute espèce. Quelque ingénieux qu'ils soient dans leurs opérations, quelque déliés que soient leurs doigts, ils ne peuvent à beaucoup près conduire les objets qu'ils travaillent aussi loin que nous de l'état où les livrent le sol à l'agriculteur ou les entrailles de la terre au mineur; les forces dont ils disposent sont incomparablement moindres que celles que nous avons rangées sous notre loi. Ils ont beau avoir du goût, car les Indous en ont infiniment pour imaginer des formes élégantes comme celles qu'on observe dans leurs vases, des dessins gracieux et d'harmonieuses combinaisons de couleurs, comme en offrent leurs châles, leurs écharpes, leurs tapis même; faute de forces, ils ne peuvent appliquer ce goût qu'à un petit nombre de substances, à celles qui sont les plus aisées à manier. Vainement ils possèdent un très remarquable esprit d'invention, ils ont une peine excessive à pousser loin le perfectionnement de leurs idées premières; c'est encore que les plus puissants moyens d'action qu'il y ait, les grandes forces de la nature échappent à leur autorité. Par la même raison, la grande production, c'est-à-dire celle qui accomplit beaucoup de besogne avec un petit nombre de bras et fournit une grande quantité de produits divers à répartir entre les hommes, leur est interdite à peu près dans tous les genres.

Donnons, par un exemple, la mesure de l'avantage que nous devons, nous Occidentaux, à toutes ces forces asservies. On a calculé, et ce calcul me paraît n'avoir rien d'exagéré, que pour produire par la méthode de l'Inde, c'est-à-dire avec l'adresse des doigts et la puissance des bras, tout ce que fait aujourd'hui l'Angleterre seule en fils et en tissus de coton, deux cents millions de personnes, de travailleurs effectifs, ne suffiraient pas; deux cents millions de personnes, c'est pourtant à peu près la moitié de la portion valide de l'espèce humaine tout entière, les deux sexes réunis; c'est cent ou deux cents fois le personnel des fabriques de fils et de tissus de coton dans la Grande-Bretagne.

Lorsqu'une nation est dans son travail dénuée de l'assistance si précieuse, et si large parmi nous, Occidentaux, des forces de la nature, il doit lui arriver ce qu'éprouve en effet la civilisation orientale : en fait de tout ce qui exige un certain déploiement de forces, elle est nécessairement réduite, pour chacun de ses membres, à une part extrêmement exiguë. Une pareille nation est donc, comparativement, condamnée à la pauvreté, et les populations y sont forcées de vivre de privations. Ou si quelque article de consommation est en abondance parmi elles, on peut tenir pour certain que c'est l'effet d'un don exceptionnellement gracieux de la nature qui le leur offre en échange d'un très modique effort. C'est ainsi que, dans l'Inde et la Chine, les populations ont la ressource de se nourrir facilement de riz, parce que, par une faveur du ciel, leur climat et leur sol se prêtent miraculeusement à cette culture; mais la plupart des produits manufacturés exigeant un déploiement soutenu de forces, elles n'en sont que misérablement pourvues en comparaison de ce qu'en possèdent moyennement les Occidentaux. Tant qu'elles conserveront la donnée qui sert aujourd'hui de base à leur industrie, le grand nombre y restera voué à une irrémédiable misère. Au contraire, les peuples de la civilisation occidentale ont une donnée industrielle qui leur permet d'espérer le bien-être pour tous leurs enfants, sous certaines conditions qui sont de l'ordre moral bien plus que de l'ordre industriel; car c'est l'amour du travail, la tempérance, le respect de la propriété; c'est l'esprit de liberté et de justice réciproque.

J'aurais à vous entretenir moins sommairement de l'industrie de ces deux groupes de peuples; pour la civilisation occidentale en particulier, j'aurais à vous parler des mérites respectifs des différents peuples qui la composent. J'aurais auparavant à vous signaler, au moins d'une manière générale, ce qu'est, dans l'industrie, la civilisation mahométane. Mais pour ces différents sujets je ferai mieux de remettre à un autre jour.

III.

La civilisation musulmane.

Après les généralités de la lettre précédente sur les différences fondamentales qui existent entre l'industrie de la civilisation occidentale, dont les membres sont les différents peuples chrétiens, et celle de la civilisation orientale, qui a pour principaux représentants le peuple indou, la Chine et le Japon, disons un mot des peuples de la civilisation mahométane sous laquelle se rangent tant de millions d'hommes. Elle fut placée par la Providence comme un intermédiaire, comme un courtier entre les Occidentaux et le grand Orient, ce qui lui a donné un rôle et une importance particulière.

En industrie, la civilisation mahométane est la dernière des trois. On ne peut s'empêcher d'être surpris de ce que ces nations, qui ont pesé d'un si grand poids pendant certaines périodes, qui ont fait trembler à la fois l'Occident et l'Orient, n'aient pas atteint un plus haut degré dans les arts utiles. Les Arabes, parmi lesquels l'islamisme naquit, et qui en sont demeurés les représentants les plus originaux, furent puissants à une époque où les arts utiles n'avaient encore reçu nulle part une impulsion vive. Lors de leur splendeur, ils firent en industrie tout ce qui pouvait se faire alors. Les présents que le célèbre calife Haroun-al-Raschid envoya à Charlemagne étonnèrent les Occidentaux; mais le temps des gloires de l'industrie n'était pas encore venu. On ne connaissait pas encore les manufactures, c'est-à-dire les grands établissements organisés sur le principe de la division du travail, qui, selon les observations profondes d'Adam Smith, est éminemment favorable au perfectionnement des arts, à leur production abondante, à la production économique, qui en est même la condition. La puissance des Arabes fut d'ailleurs d'une courte durée. Il semble que la Providence ne les eût faits grands que pour qu'ils fussent en état de conserver dignement le dépôt des connaissances humaines pendant le temps où l'Occident était recouvert des ténèbres du moyen âge. A peine eurent-ils restitué ce dépôt aux Occidentaux ravisés, qu'ils déclinèrent. Après eux, l'islamisme eut pour chefs apparents et pour arbitres des tribus encore plus formidables à la guerre, que leur génie particulier rendait plus habiles à exercer et à retenir l'autorité, qui portèrent loin à l'Occident et à l'Orient l'étendard du prophète, mais dont la politique excluait une industrie prospère. Nous en pouvons juger par les Turcs, qui, de tous les peuples issus de ces tribus belliqueuses, sont celui que notre Occident connaît le mieux, celui qui avait le plus solidement fondé sa puissance, le seul qui fasse encore une certaine figure dans le monde. Les Turcs n'ont voulu ou n'ont su être rien de plus que des conquérants dominateurs, et c'est pourquoi Montesquieu a pu dire avec raison qu'ils étaient campés en Europe. Chez eux, l'exercice des arts utiles est le lot des rayas; et comme entre le Turc et le raya il y a toute la distance que peut mettre une religion intolérante, l'industrie a été vile pour les Turcs, comme le commerce l'était pour un patricien romain. On a pillé et laissé piller les rayas, producteurs de la richesse, parce que le pillage est un moyen commode de s'enrichir, et parce qu'on se croyait d'autant plus assuré de les tenir sous la dépendance, qu'ils seraient plus misérables. Dans tous les pays soumis à l'autorité mahométane, jusqu'à ces dernières années, où l'esprit d'équité s'est fait jour dans l'empire turc, les populations sont, depuis une suite de siècles, constamment et systématiquement vexées, écrasées, volées. Une population de plus en plus rare y vit misérablement, quelquefois sur le sol le plus fertile. Là où il n'existe pas de liberté et où la violence remplace le droit, il n'y a pas d'industrie possible; rien n'est possible, pas plus de ce qui procure du bien-être à l'homme que de ce qui lui élève le moral.

C'est une remarque à faire aussi que les populations sémitiques, auxquelles les Turcs se sont superposés, semblent avoir très peu l'esprit d'invention dans les arts utiles. Les Arabes excellent, dit-on, à composer des légendes. Ces mêmes peuples inventent si prodigieusement dans l'histoire, que dans leurs écrivains elle est méconnaissable ; mais dans l'industrie cette riche imagination reste stérile. En cela ils sont bien inférieurs aux Chinois, qui sont même un peuple très inventeur. Je ne retrouve dans ma mémoire aucun procédé nouveau, aucune invention d'une portée industrielle qui doive être positivement attribuée aux Arabes. Les aciers de Damas sont obtenus par une méthode venue de l'Inde, encore pratiquée dans l'Inde et représentée par plusieurs culots et massiaux dans la belle collection que la Compagnie des Indes a fait venir ici, à l'Exposition, des productions de son immense empire. Les chiffres dits arabes, avec cette ingénieuse règle de position qui consiste à leur attribuer une valeur dix fois plus forte chaque fois qu'on les avance d'un rang vers la gauche, viennent des Indous et non des Arabes. Les transformations progressives du sentiment religieux, qui en général ont eu pour effet de métamorphoser la vie des hommes, ont médiocrement modifié leurs usages des populations arabes. Ceux qui étaient pasteurs du temps de l'idolâtrie le sont encore aujourd'hui. Ils habitent sous des tentes, ils portent de préférence des vêtements préparés avec la toison de leurs troupeaux, comme Laban. Leurs ustensiles de ménage sont de la même date ; ils sont en bois ou d'une poterie grossière, ou en peau grossièrement apprêtée. Leur couscoussou est la cuisine des Philistins. Pour leur donner le goût et l'habitude de la propreté, Mahomet leur a en vain prescrit des ablutions répétées : les Arabes n'en restent pas moins d'une saleté nauséabonde. Ils se sont approprié le fusil et la poudre à canon, il le fallait bien : ce sont de ces inventions qu'on n'est pas libre de négliger dès que le voisin s'en est emparé. Dans leurs articles de luxe, ils ont fini par admettre la soie ; mais il a fallu auparavant qu'elle eût été apportée par d'autres qu'eux de l'extrême Orient aux peuples de l'Occident ; car ce ne furent pas des facteurs arabes, ce furent deux moines qui sous Justinien, au sixième siècle, arrivèrent à Constantinople avec la précieuse graine du ver à soie qu'ils avaient prise en Chine. La culture du coton est un des arts en très petit nombre qui sont grandement redevables aux Arabes ; non qu'ils l'aient perfectionnée en rien ou qu'ils soient les auteurs d'aucune invention dans la filature ou le tissage, mais ils ont considérablement répandu ce précieux textile au temps de leur puissance. Ils le trouvèrent en Égypte quand ils la conquirent sous Omar, et de là ils l'ont traîné à leur suite sur toute la surface du vaste continent de l'Afrique. Ils l'ont introduit de même en Sicile et dans l'Andalousie. Ils apportèrent avec eux en Espagne, à la même époque, la canne à sucre, qui est asiatique, et ainsi ils ont contribué à la faire passer dans le nouveau monde, où elle n'était pas indigène, et l'on peut en conscience faire remonter jusqu'à eux l'honneur de la fabrication du sucre de canne, qui depuis quelques années se développe en Andalousie, grâce aux efforts et aux sacrifices qu'y a faits M. Ramon de la Sagra. Ce furent aussi les Arabes qui, dans ce temps-là, introduisirent dans les régions occidentales la culture du riz. Ces services rendus à l'industrie méritent d'être cités avec reconnaissance ; mais aucun des arts qui reposent sur la culture du coton ou de la canne n'était resté remarquable chez les populations mahométanes. Jusqu'à ces derniers temps, tout y allait sans cesse en s'évanouissant. Je doute qu'elles fassent aucune partie du sucre raffiné qu'elles mangent. Le coton, qui est aujourd'hui cultivé avec succès en Égypte, et dont l'Exposition offre de jolis échantillons, y provient, non des anciennes plantations des Pharaons que les Arabes auraient conservées, mais de graines apportées des États-Unis sous le vice-roi Méhémet-Ali. Une bonne partie des tissus de soie ou de coton dont les populations mahométanes se servent aujourd'hui, ce n'est pas elles qui les ont fabriqués. C'est à notre civilisation ou à l'Asie qu'ils sont obligés de s'adresser pour la majeure partie de ces articles. Ce n'est même pas eux qui ont imaginé l'usage du tabac auquel ils sont tant adonnés ; il leur est venu des Occidentaux, qui l'avaient tiré des sauvages de la Virginie. Il paraît cependant qu'ils ont perfectionné la pipe et l'art du fumeur. Le plus clair et le plus original de leur contingent à l'Exposition c'est, par ma foi, une belle collection de pipes ou de narguilés qui y sont venus de Constantinople et qu'on a étalés avec beaucoup de goût.

La civilisation mahométane est représentée à l'Exposition par une assez grande quantité d'objets venus de la Turquie, de l'Égypte, de Tunis et même d'Alger. L'Exposition turque en particulier est dressée avec beaucoup d'art. Entrons dans les salles réservées à ces pays ; laissons de côté, pour un instant, les articles qui datent chez ces peuples d'une trentaine d'années à peine : j'y arriverai. Qu'est-ce qui s'offre le plus à nos regards ? D'abord un petit nombre de matières premières, de la laine principalement, des grains, des dattes, du miel. J'y remarque aussi la valonée et la graine oléagineuse de sésame, célèbre déjà par les contes des *Mille et une Nuits*, non moins célèbre désormais par l'histoire d'un amendement voté chez nous en 1845, avec accompagnement de violences envers les ministres de la part d'un grand nombre de prétendus amis du gouvernement d'alors (1). En fait d'articles fabriqués, j'y vois des tissus de laine quelque peu variés, des burnous, des voiles, des écharpes, des manteaux épais, des couvertures pour les bêtes et pour les tentes, une tente toute dressée, des selles de cheval avec leurs accessoires, quelques ustensiles en fer et en bois, des vases étamés. Tout cela est conforme aux modèles les plus antiques, à part la soie mélangée dans quelques-unes des étoffes et sauf l'étamage. Ces tissus de laine ne sont pas foulés, comme le sont nos draps ; ils ne sont pas croisés non plus comme les mérinos : c'est donc l'enfance de l'art. Je jurerais que les écharpes, les voiles, les ceintures, les tissus de laine d'une certaine finesse pour robes, que j'aperçois çà et là, sont à l'image des cadeaux de noce de Jacob à Lia ou à Rachel. Cette tente dressée doit être la copie fidèle de celle sous laquelle l'infortuné général Sisara, épuisé de fatigue, chercha un asile dans le désert ; et ce clou grossier est le *fac-simile* de celui que Jehel, violant les droits de l'hospitalité, lui enfonça dans la tête pendant son sommeil. Ce bât doit avoir servi à l'ânesse de Balaam. Ce panier hermétiquement fermé, qui est rempli de dattes, c'est, contenant et contenu, le pareil de ceux que Melchisédech avait dans ses magasins. Cette petite outre est exactement comme celle qu'Abraham donna remplie d'eau à la pauvre Agar lorsque la jalousie de Sarah obligea le patriarche à la renvoyer dans le désert, tenant son fils par la main.

Dans l'Exposition de ces peuples demeurés primitifs sous le rapport de la vie matérielle et de l'industrie, on aperçoit des objets qui séduisent par leur éclat, et qu'on prendrait volontiers pour des preuves d'une industrie avancée. Ce sont des articles de luxe, des objets de sellerie surtout, qui resplendissent de l'éclat de l'or ; c'est du velours rouge tout brodé et bordé d'or. Cette magnificence en impose aux curieux. Ne nous pressons pourtant pas d'admirer. L'or et l'argent ont la vertu de plaire aux hommes. L'or, plus encore que l'argent, est inaltérable dans sa belle couleur ; dans l'état où l'offre la nature, il est extrêmement facile à travailler. Il est très ductile, très malléable, il se soude aisément. On en fait donc sans grand'peine des fils qui, convertis en galons et en tresses, relèvent singulièrement les tissus sur lesquels on les répand. Un ouvrage de bonne mine en or n'est donc qu'un douteux témoignage de puissance industrielle. Il n'y a pas de civilisation rudimentaire qui n'ait eu des bijoux en or d'une certaine beauté, en présence desquels les voyageurs qui ne réfléchissaient pas s'extasiaient. Fernand Cortez, au Mexique, est stupéfait des ouvrages en or et en argent qu'il voit aux mains des envoyés de Montézuma. Il en écrit à l'empereur Charles-Quint dans les termes les plus admiratifs. C'étaient pourtant de très médiocres industriels que les Mexicains. Mais je trouve ici, à l'Exposition même, la preuve du peu d'importance qu'il faut attacher aux ouvrages d'or ou d'argent, à moins que ce ne soient des œuvres d'art comme ce qu'ont exposé ici à pleines mains les Froment-Meurice, les Odiot, les Morel, les Mortimer, les Garrard, les Wagner, et tant d'autres orfévres français, anglais, allemands, belges, hollandais. Suivez-moi dans le quartier des Barbares. Nous voilà sur la côte occidentale d'Afrique, parmi les Ashantis, les tribus de la Côte d'Or, de la Côte d'Ivoire. Regardez ce collier en or et cet autre bijou dont la forme rappelle les broches que portent nos dames. Vu d'un peu de distance, cela a bon air. Puis, regardez tous ces articles dont c'est entouré : est-ce qu'ils ne vous révèlent pas que vous êtes parmi des sauvages ?

Si vous voulez vous faire rapidement une idée passablement exacte du degré d'avancement auquel est parvenue l'industrie d'un peuple, ce n'est pas à l'or ni à l'argent qu'il faut regarder, c'est au fer. Sachez si une nation produit ou consomme beaucoup de fer. Voyez ses

---

(1) Je veux parler de l'amendement qui porte le nom de son auteur, M. Darblay. En cette circonstance, beaucoup de députés, qui se croyaient des conservateurs, des soutiens de l'autorité, se donnèrent le plaisir d'obliger les ministres à voter publiquement contre le projet ministériel. C'était à propos d'une loi de douanes.

outils, ses ustensiles, ses machines; examinez quelle figure y fait le fer. Si la consommation du fer est grande; si, ce qui est la même chose, les outils et les ustensiles en fer sont nombreux, solides et de bonne mine; si le fer fondu, forgé ou aciéré est la matière principale des machines; si vous avez la preuve que les ouvriers sont adroits et prompts à entretenir ces instruments et ces appareils, vous pouvez prononcer désormais les yeux fermés : la nation dont il s'agit est avancée, très avancée dans l'industrie. Si, au contraire, la consommation du fer est très bornée; si les outils en fer ont mauvaise façon; si dans les machines et appareils on n'emploie le fer qu'avec parcimonie; s'il y est mal travaillé, mal dressé, c'est encore un peuple toisé, il faut le classer à un rang inférieur. A force de patience ou de souplesse dans les doigts, il pourra offrir çà et là quelques branches de l'industrie qui lui fassent honneur; mais l'ensemble de son industrie sera faible. La production de presque tous les articles sera bornée en proportion de la population, et par cela même le pays sera pauvre; il sera pauvre, parce que la production est nécesssairement bornée quand on a de mauvais outils et de mauvaises machines, ou que, faute de bons matériaux, on ne construit pas de machines. Et quand la production est bornée, il ne peut y avoir que peu de produits pour chacun : la population est misérable.

Cela posé, revenons aux articles de l'Égypte, de la Turquie, de Tunis, d'Alger. Ces selles chamarrées d'or vous avaient séduit; soulevez-en l'enveloppe. Regardez de près le mors, les étriers, les boucles des sangles, les anneaux, tout ce qui est en fer; c'est de travers, c'est rude; cela pèche par le fond et la forme; les anneaux ne sont ni ronds, ni ovales; les surfaces sont raboteuses, les soudures équivoques, les épaisseurs inégales; passez aux outils, ils ont des ferrures mal façonnées, mal ajustées. Dans les machines, c'est de même, et elles sont grossières de tout point. Tous ces défauts viennent de ce qu'on n'a que peu de fer et de ce qu'on ne sait pas le travailler. On l'a remplacé par le bois autant que possible. Regardez, par exemple, dans l'exposition tunisienne, qui, d'ailleurs, à beaucoup d'égards, est fort intéressante, cet outil à lame courbe, si étriqué, si faible : ce doit être une faucille à couper le blé. C'est pitoyable. Le moissonneur qui le manie doit s'exténuer en faisant très peu de besogne. Quand le fer est très rare, comment faire cependant? Un peu plus loin, dans un autre pays de l'Afrique, voyez cette serrure. Elle est toute en bois. L'écriteau vous avertit que c'est le même modèle que du temps des Pharaons : nouvelle agréable pour l'antiquaire, mais affligeante pour ceux qui aiment le progrès des arts, parce que c'est le gage certain de l'amélioration de la condition des hommes.

Pour que la preuve de l'état arriéré de l'industrie chez les populations mahométanes soit plus complète, jetez un coup d'œil sur leurs machines d'un autre point de vue; informez-vous de la destination qu'elles ont. Vous distinguez des moulins à bras. Vous n'avez pas besoin d'aller plus loin : la cause est entendue. Quoi! le blé est encore moulu à bras dans ces contrées! On n'y est pas parvenu encore à affranchir le genre humain de ce pénible labeur qui a fait pousser aux esclaves de l'antiquité des gémissements dont tous les poëtes de l'antiquité, depuis Homère, dans l'*Odyssée*, jusqu'à ceux de la décadence de l'empire romain, nous ont renvoyé le douloureux écho! C'est la portion la plus faible de la société, ce sont les femmes qui, chez les Arabes, de même que dans la maison d'Ulysse, ont cette charge écrasante; si bien qu'une des circonstances qui les consolent, en Algérie, de la domination française, c'est qu'avec les Français arrivent les moulins à eau. Une civilisation et une industrie qui en sont là sont jugées.

Dans l'exposition des peuples musulmans, on remarque des articles assez nombreux qui ont un autre cachet que le reste, et où la main de l'Europe a laissé son empreinte, aisée à reconnaître : ce sont des tissus de coton ou de laine foulée; quelquefois ce sont des métaux passablement ouvrés. L'origine de ces marchandises est bien connue. Les gouvernements de l'Égypte et de Tunis s'efforcent de secouer le joug d'une routine séculaire. Ils ont attiré des ingénieurs français, anglais, italiens, qui ont établi des machines et des appareils divers, fondé des ateliers de plusieurs sortes. C'est ainsi qu'en Égypte, depuis plusieurs années, on travaille sur une grande échelle le coton à l'instar de Manchester, de Rouen, de Neuchatel en Suisse et de la Saxe. Le bey de Tunis a établi de même plusieurs manufactures. Ces tentatives de progrès ont-elles toujours été parfaitement entendues? Il serait permis d'en douter. On a probablement eu trop de hâte de multiplier les fabriques de tissus, par exemple. Ces contrées arriérées auraient eu de meilleurs résultats si, quant à présent, elles avaient consacré la majeure partie de leurs efforts à produire des matières premières. L'abondance des terres fertiles dont elles ont la disposition eût rendu leur labour très fructueux; elles auraient eu ensuite, par la voie des échanges avec l'Europe, plus d'articles manufacturés avec le même travail et le même capital qu'elles n'en obtiennent par la fabrication directe. Il est incontestable pourtant que le transport des mécanismes et des méthodes de la civilisation occidentale dans le Levant est, sauf les erreurs qui ont pu en affecter l'application, digne d'encouragements et d'éloges. Les procédés des Occidentaux, leurs engins, leurs outils et leurs ustensiles ont une immense supériorité. La division du travail qu'ils ont adoptée et qu'ils étendent sans cesse est une source de richesses. La domination sur les forces de la nature, dont ils donnent l'exemple et le secret, centuple la puissance productive de l'homme. Après tout, quels que soient les motifs qu'on a pu leur prêter, les gouvernements mahométans, qui s'efforcent d'introduire chez eux les pratiques de l'industrie occidentale, sont les bienfaiteurs de leurs sujets.

IV.

L'Europe.

Il faut pourtant parler enfin de la figure que fait dans le Palais de Cristal le groupe de nations que j'ai désigné sous le nom collectif de la civilisation occidentale: c'est l'ensemble des peuples chrétiens; c'est l'Europe et l'Amérique, en y rattachant les essaims d'Européens qui se sont répandus dans les autres parties du monde, et qu'on retrouve au cap de Bonne-Espérance, en Australie, à Java, sur vingt autres archipels. C'est en elle que réside incontestablement aujourd'hui la puissance du genre humain. Elle est visiblement aujourd'hui investie de l'empire et dépositaire de l'avenir. Elle l'emporte moins encore par la force militaire qui lui a fourni les moyens apparents de soumettre le reste du monde ou de lui inspirer une crainte salutaire, que par les sciences et les lettres, par les arts utiles et les beaux-arts. Elle l'emporte surtout par la grandeur de ses sentiments, la noblesse et l'étendue de ses sympathies. Seule elle a, dans l'élite de ses enfants du moins, la conviction profonde, et pratique désormais, que tous les hommes ne forment dans la volonté de Dieu, et doivent former un jour ici-bas, par le progrès des institutions humaines, une seule famille; et c'est le fondement de ses croyances religieuses. En ce moment elle donne, par cette Exposition même de Londres, la preuve du rapprochement qui s'opère entre tous les peuples qui la composent, du penchant qui les porte les uns vers les autres, de la conscience qu'ils ont de la solidarité de leurs intérêts, et du désir qui les anime de se concerter et de s'entr'aider. C'est la supériorité morale de cette race d'hommes, c'est elle seule qui est l'origine et la justification de la suprématie qu'elle a acquise sur la terre et qu'elle affermit chaque jour.

La joute, à l'Exposition de Londres, est entre les nations de ce groupe; c'est entre elles à peu près seules que le jury aura à distribuer les récompenses, gages de la supériorité acquise, et à proclamer des vainqueurs. Les autres nations ne pourront obtenir que des encouragements, et il est à croire qu'on ne les leur épargnera pas. Il manque bien à ce concours quelques conditions pour qu'il soit parfaitement significatif. Quelques-unes des nations du monde occidental n'ont pu s'y faire représenter convenablement; chez quelques autres, les chefs de plusieurs branches importantes de l'industrie ne l'ont pas voulu. Ainsi, par l'effet d'un malentendu sur l'époque de rigueur pour l'envoi des produits, les deux royaumes de la presqu'île scandinave n'ont dans le palais de l'Exposition qu'une représentation très écourtée et très insuffisante de leur savoir-faire et notamment de leurs fers, dont la qualité a jusqu'à ce jour été incomparable pour la fabrication des aciers. Les retards accoutumés de l'ouverture de la Baltique avaient jusqu'à présent empêché la Russie de paraître; mais encore quelques jours et elle s'étale enfin aux regards du public. On prétend que le gouvernement napolitain s'est refusé à ce que ses sujets participassent à l'Exposition. Le fait est que j'y ai vainement cherché les produits du sol si riche des Deux-Siciles. Aux États-Unis, il paraît que la plupart des chefs d'industrie y ont mis très peu de bonne grâce. Frère Jonathan a boudé à John Bull. L'espace considérable qui avait été attribué à cette nation si entreprenante, si active, si ingénieuse, n'est que fort mal rempli. Dans un certain nombre d'autres États, il y a eu de ces mauvais vouloirs partiels. Ainsi, en Espagne, les manufacturiers de la Catalogne, qui sont les principaux de la Péninsule, se sont, de parti pris, abstenus de paraître. En France, les cristalleries de Baccarat et de Saint-Louis, que rien ne surpasse dans le monde, n'ont rien voulu envoyer de leurs œuvres. De même les fabriques de glaces de Saint-Gobain et de Saint-Quirin, qui sont à la tête de leur art dans le monde (1). Il ne leur fallait pourtant pas grand effort pour montrer dans le Palais de Cristal des échantillons de leurs productions, car elles ont un dépôt à Londres. Nos maîtres de forges, en bloc, et la plupart de nos constructeurs mécaniciens ont suivi ce fâcheux exemple. Cependant la maison Cail, de Paris, la maison André Kœchlin, de Mulhouse, et quelques autres encore, soutiennent dignement l'honneur de la mécanique française. Dans nos tissus de laine aussi il y bien quelques lacunes regrettables. Nos fabricants de produits chimiques se sont pareillement dispensés de répondre à l'appel. Quelques-uns de nos fabricants de tissus de lin les plus justement renommés sont restés de même enfermés dans leur tente, intraitables comme Achille en courroux, au lieu de paraître dans la carrière où les attendait la victoire. En somme pourtant, sans s'y déployer aussi complètement que l'Angleterre, qui était chez elle, toutes les nations manufacturières de l'Europe ont à Londres des produits qui permettront de les apprécier avec justice.

Quand on a inspecté, dans le palais de l'Exposition, les produits des différentes provenances de la civilisation occidentale, on est, de gré ou de force, saisi de la pensée que tous ces peuples divers ont en somme le même génie.

(1) A la fin de l'Exposition, les beaux produits de ces établissements ont paru dans le Palais de Cristal.

Si le hasard vous faisait successivement et dans un bref délai, traverser les salons de Paris, de Londres, de Berlin, de Vienne, de Saint-Pétersbourg, de Rome, je pourrais nommer aussi bien ceux de Dresde, de Munich, de Turin, de Stockholm, de Madrid, une réflexion semblable s'emparerait de votre esprit; vous reconnaîtriez que c'est la même famille : c'est en effet le même cercle d'idées et de sentimens, et la conclusion de votre pérégrination serait que vous croiriez avoir simplement passé d'un quartier à l'autre de la même ville, tout au plus d'une province à l'autre du même État. Pour compléter l'illusion, c'est le même costume exactement, souvent tiré de la même pièce de drap, ou de velours, ou de dentelle, et dressé par le même tailleur ou la même faiseuse. Que des différences s'offrent à l'observateur, c'est incontestable; mais elles sont du même ordre que celles qu'on peut signaler partout entre des frères. Et alors se présente à l'esprit cette réflexion : Comment se fait-il qu'en d'autres temps, il n'y a pas un demi-siècle, il y ait eu entre ces peuples des haines furieuses, et qu'on se soit mutuellement déchiré comme des bêtes féroces ? Mais ces cruelles épreuves sont passées pour ne plus revenir. C'était l'agonie de l'ancien régime, agonie épouvantable; mais aujourd'hui l'ancien régime est mort. Une pensée de fraternité universelle avait été déposée autrefois au sein de la civilisation occidentale; elle s'y était peu à peu développée, elle y avait acquis beaucoup de forces. Par l'effet du grand mouvement dont le signal fut donné en 1789 et qui poursuit son cours de plus en plus irrésistible, elle a, en dépit de ce terrible épisode de vingt ans de guerre, surmonté enfin les intérêts exclusifs à quelques classes qui étaient fondés sur les divisions des nations. Ceux qui tenteraient de renouveler ces divisions seraient des fous; leur folie serait criminelle, mais elle ne serait pas dangereuse. La civilisation occidentale forme une grande communauté, elle en a de plus en plus le goût. Les doctrines comme les intérêts cimentent cette union.

L'état de l'industrie chez les nations de l'Occident donne de leur rapprochement une révélation éclatante. Partout en effet, parmi ces nations, ce sont les mêmes appareils et les mêmes procédés dérivés des mêmes théories. Dans l'industrie aujourd'hui, il n'y a plus de mystère possible de l'une à l'autre de nos nations européennes. Nous avons réciproquement la clef de nos opérations industrielles, tout comme celle de nos combinaisons politiques, parce que nous nous mouvons dans la même sphère de sentiments et d'idées. Tout ce que fera en industrie un Allemand ou un Français, les Anglais ne tarderont pas à l'accomplir, s'ils le veulent bien. Qu'une découverte soit annoncée dans le comté de Lancastre ou au fond de l'Ecosse, les Français, ou les Allemands, ou les Américains, en s'y appliquant, l'auront bientôt retrouvée. Cela se voit chaque jour dans tous les genres de découvertes. De même que M. Nasmyth l'Anglais et M. Bourdon le Français se disent chacun l'inventeur du marteau-pilon, de même que vingt drogues tinctoriales et cinquante procédés chimiques ont donné lieu à des contestations semblables, de même dans la science pure on se dispute très fréquemment la gloire d'avoir eu le premier une idée grande et petite. Par une méthode qui lui fait le plus grand honneur, M. Leverrier découvre une planète nouvelle ; voilà aussitôt un Anglais qui prouve qu'il s'en occupait aussi avec succès ; et pendant que de part et d'autre on expose ses raisons, survient un astronome américain qui se donne pour l'inventeur véritable, et qui produit ses titres. Un problème résolu au Nord, du moment qu'on le sait, ne tarde pas à l'être aussi à quelque autre des points cardinaux, s'il ne l'a été au même moment ; on en a la preuve par les procès qu'occasionnent les brevets d'invention. On y voit presque toujours apparaître quelque document étranger qui prouve la simultanéité de la découverte en deux ou trois endroits à la fois. Acquérir par la puissance de nos connaissances, bien supérieures pourtant, les secrets des Indous ou des Chinois, nous est moins facile que de découvrir ceux des Européens, parce que l'ensemble des idées, le tour de l'esprit est le même envers les Occidentaux, tout différent avec les autres.

Les quarante années qui se sont écoulées depuis 1815 ont grandement contribué à cette unité industrielle de l'Europe et de la civilisation occidentale. Les peuples, dégagés enfin des cruels soucis de la guerre, se sont adonnés avec ardeur aux travaux de la paix. Ils ont cultivé opiniâtrement et avec suite les sciences d'application et les arts que ces sciences inspirent, et au sein de ces pacifiques travaux, non-seulement les tristes sentiments de haine dont ils s'étaient laissé envahir sur les champs de bataille se sont effacés, mais les inégalités et les dissonances de leur pratique industrielle se sont rapidement amoindries. Ils ont échangé leurs idées et se sont communiqué leurs procédés. Il y a eu un enseignement mutuel qui a élevé les humbles et fortifié les faibles. Chacun a cherché à s'assimiler ce qu'il voyait de saillant et d'éclatant chez les autres, et toujours on y est parvenu, au moins chez les plus remarquables de ces nations. Ainsi nous fournissons aux Anglais des articles dont il y a trente ans ils pouvaient regarder comme un privilège à jamais acquis à leur nation d'approvisionner l'univers. Telles plusieurs sortes de fils de laine, telles les belles toiles peintes ; nous leur avons même adressé parfois de menus articles de quincaillerie. Les gouvernements européens, afin de faciliter chacun chez soi ces acquisitions, ont déployé une bonne volonté qui, pour ne pas s'être toujours montrée éclairée, ne leur crée pas moins des droits à la reconnaissance publique. En ce moment chacun des grands peuples de l'Europe s'est approprié, à un degré surprenant, la pratique de toutes les branches importantes de l'industrie. Chacun d'eux s'est formé un personnel intelligent, rompu à la pratique, tant de chefs que d'ouvriers ; chacun s'est fait ou s'est procuré un matériel pour toute sorte de fabrications, un matériel sur les mêmes modèles, sorti souvent des mêmes ateliers. Les Anglais ont seuls, pendant un temps, fourni à toute la terre des machines à filer le coton, le lin et la laine, et les machines à vapeur. Aujourd'hui, à Barcelone, de nombreux métiers d'André Kœchlin ou de Schlumberger filent le coton. Les ateliers de nos compagnies de chemins de fer, de même que ceux des compagnies anglaises et allemandes, ont les outils-machines de Withworth, de Manchester, dont les connaisseurs admirent surtout la machine radiale à l'Exposition, ou ceux de Nasmyth. C'est la maison Cail qui fournit à toute l'Europe à peu près les machines à faire le sucre, de même que c'est notre mécanicien Chapelle qui a répandu partout les plus parfaits appareils à faire le papier continu. Ce développement similaire des moyens d'action, tant dans le personnel que dans le matériel, qui entraîne nécessairement la similitude des produits, est frappant, surtout pour les trois peuples chez lesquels le mouvement de la pensée est le plus actif, le plus énergique, le plus libre, ce mot résume tout le reste, c'est-à-dire pour les Français, les Anglais, les Allemands, et pour quelques petits Etats, tels que la Suisse, la Belgique, la Hollande, le Piémont, qui, tout en jouissant de l'indépendance politique, n'en sont pas moins, sous le rapport industriel, des satellites étroitement liés à ces trois grands coryphées.

La double similitude que je signale n'est pas contestable quant aux méthodes et aux procédés de la production pour quiconque a visité les ateliers, elle ne l'est pas non plus quant au genre et au mérite des produits, puisque sur les marchés neutres, et dans ces petites enceintes qui forment présentement le domaine exigu de la liberté du commerce, je veux dire dans les entrepôts, vous trouvez luttant les uns contre les autres, et se vendant concurremment, les produits manufacturés des cinq ou six Etats que je viens de nommer.

La solidarité industrielle entre les nations de la civilisation occidentale se révèle encore par cette circonstance, que dans le plus grand nombre des cas aujourd'hui les procédés eux-mêmes sont dus au concert direct ou indirect, apparent ou latent, d'hommes de toutes les nations. L'idée première d'une machine ou d'un expédient manufacturier sera née à Paris ou à Londres. Soit. Elle reçoit un premier perfectionnement dans quelque ville obscure de la Thuringe, et elle vient prendre corps pour la première fois à Manchester ou à Sheffield ; puis, par plusieurs transfigurations non moins curieuses que celle de Vichnou, elle reparaît successivement, toujours plus parfaite, dans les ateliers de Lyon ou dans ceux de Zurich, ou dans ceux de Breslau ou de Verviers, ou d'Elberfeld ou de Glasgow ; que sais-je ? ce sera peut-être de l'autre côté de l'Atlantique, à Lowell ou plus loin, à Pittsburg, sur l'Ohio, qu'elle arrivera à la perfection. On avait déjà des exemples de faits semblables il y a quelque temps. Margraff tire, dans je ne sais quel coin de l'Allemagne, du sucre de la betterave, en échantillon ; Achard essaie d'en faire manufacturièrement à Berlin, et c'est de là que l'idée passe en France où elle est devenue ce que vous savez. Un ingénieur français imagine l'éclairage au gaz : son idée franchit le détroit, et c'est en Angleterre qu'elle a eu un prodigieux succès, dont tout l'univers entier profite maintenant.

L'empereur Napoléon, dans le but de ruiner l'industrie anglaise par la substitution du lin au coton, offre un prix d'un million à qui résoudra le problème de filer le lin à la mécanique. Un Français, M. Philippe de Girard, s'en occupe activement, et trouve, avant 1814, le principe de la solution ; après la paix il s'établit à Varsovie, où il achève à peu près l'œuvre. De Varsovie son idée vient à Leeds, où M. Marshall la porte à la perfection, et en fait la base d'une grande industrie qui enrichit présentement cette même Angleterre dont, dans la pensée du promoteur, elle devait ébranler la puissance. Chaque année voit éclore quelque perfectionnement ou quelque application nouvelle du métier qu'inventa notre célèbre Jacquart, et dont on a obtenu tant de résultats en faveur du bon marché, sans parler de tant d'enfants qu'il a affranchis d'un labeur très pénible. L'année passée à Nottingham, on l'a appliqué à broder le tulle ; de là une industrie qui fait la fortune de la ville, en attendant qu'elle se répande sur toute l'Angleterre manufacturière et sur le continent. Cette mise en commun des efforts des peuples est présentement le pain quotidien de la civilisation occidentale. Je dis le pain quotidien, car elle contribue beaucoup à augmenter la fécondité du travail et à enrichir chaque peuple en particulier.

Le même produit reçoit ou peut recevoir une première façon chez un peuple, une seconde chez celui-ci, une troisième chez celui-là, et ainsi de suite ; il traverse ainsi cinq ou six frontières et s'élabore cinq ou six fois avant d'arriver aux mains du négociant qui le vend auprès ou au loin, dans sa propre ville ou dans un autre hémisphère. Voilà de la mousseline qui a peut-être été tissée en Saxe avec du filé de Manchester obtenu avec un mélange de cotons récoltés à Surate, dans l'Inde, à Mobile, aux Etats-Unis et en Egypte ; elle va se faire broder à Nancy, pour être vendue à Philadelphie, ou à Canton, ou à Batavia, après avoir passé par l'entrepôt de New-York, ou celui de Hong-Kong, ou celui de Singapore.

Le Palais de Cristal est le bon endroit pour vérifier cette similitude, cette fraternité, cette égalité de l'industrie chez les peuples principaux de la civilisation occidentale. Elle y est évidente, elle y crève les yeux. Quand je me transporte du quartier anglais au quartier français, de là dans la région qu'occupe le Zollverein, ou chez les Suisses, ou chez les Belges, ou chez les Hollandais, je retrouve des objets d'un mérite équivalent à très peu près, qui attestent à peu près et une même aptitude, et la même expérience, et le même acquit. C'est plus particulièrement visible pour l'Angleterre et la France, surtout si l'on a le soin de compléter notre Exposition à Londres par le souvenir des articles que nous avions au carré Marigny, en 1849, et dont les producteurs abusés se sont refusés à envoyer les pareils à Londres. En parlant ainsi d'égalité, je ne prétends pas que les productions des principales nations soient identiques; au contraire elles sont diverses, elles ont un cachet particulier. Elles révèlent dans le génie industriel des nuances spéciales, une originalité distincte, mais elles accusent, à très peu près, un égal degré d'avancement. Si l'on est dépassé dans un genre d'articles, on est le premier dans un autre genre qui est tout voisin, qui est tout aussi difficile, et il n'est pas douteux que quant au premier on n'aurait besoin que d'être aiguillonné pour rattraper la nation qui y excelle. En supposant que les matières premières fussent partout au même degré de bon marché (et l'on en serait bien près si le législateur supprimait chez certains peuples des causes tout artificielles de cherté qu'il s'est plu à multiplier), les frais de production des articles manufacturés seraient, à peu de chose près, les mêmes, et ces diverses nations seraient, à très peu près, égales les unes aux autres sous le rapport du bon marché. C'est une conclusion qui ressort, je le crois, des aperçus précédents. Je me propose au surplus de la mieux établir par le détail.

V.

Le Fer.

Le fer, nous disait M. Thénard dans son cours de chimie à l'École polytechnique, et il l'a répété dans son Traité imprimé, est un métal si utile aux hommes, qu'on peut, jusqu'à un certain point, mesurer la civilisation d'une nation à la quantité de fer qu'elle consomme. Le fer était extrêmement rare dans la civilisation antique. Il est bien connu que pendant très longtemps les armes furent non en fer, mais en bronze. C'est ce qui résulte clairement du texte d'Homère. En ces temps reculés le fer était réputé une substance précieuse. Quand Achille célèbre des jeux pour les funérailles de Patrocle, un des prix qu'il décerne est un morceau de fer.

Les temps sont bien changés; la civilisation moderne consomme énormément de fer. C'est hors de proportion avec ce qui a pu s'en produire, non-seulement dans la Grèce primitive, mais même dans l'empire romain. Depuis lors, le procédé de fabrication a été complètement changé; il a paru se compliquer, car le fer ne se fabrique plus du premier jet; mais on y gagne d'obtenir moins incomplètement le métal des minerais de richesse moyenne, de tous ceux qui ne renferment pas plus de 30 pour 100 de métal. Par la méthode antique, celle de l'extraction directe, d'un minerai de cette teneur on ne retirerait que le tiers ou le quart du fer, peut-être moins. Ce qui est plus avantageux encore, par la méthode moderne, on fabrique sur une bien plus grande échelle, ce qui diminue singulièrement les frais de production. Le procédé nouveau, qui date de six à sept siècles, consiste à fondre la mine dans des fourneaux grands comme des tours, qu'on nomme très justement des hauts-fourneaux. On a ainsi un produit intermédiaire, la fonte, qui n'est pas malléable comme le fer, et n'a pas, comme lui, l'heureuse faculté de se souder à soi-même, mais qui se prête à mille usages divers auxquels le fer malléable ne s'adapterait pas. Cette fonte, en subissant une seconde opération, celle de l'affinage, se change en fer malléable, et celui-ci, par la cémentation, est transformé en acier (1).

Depuis qu'on a appliqué le combustible minéral au traitement du minerai de fer dans les hauts-fourneaux, cette industrie a acquis des proportions colossales. C'est en Angleterre,

(1) On peut cependant avoir de l'acier directement de certaines fontes : c'est l'acier naturel des Allemands; bien plus, dans les Pyrénées, où la méthode antique s'est maintenue à la faveur de minerais d'une pureté exceptionnelle, on fait de l'acier du premier coup. Une partie du bloc de fer obtenu à chaque opération est de l'acier.

et surtout en Écosse, qu'il faut le voir. Un haut-fourneau écossais donne chaque semaine 200,000 kilogr. de fonte, d'où l'on retire, si l'on y fait subir l'affinage, 140,000 kil. de fer en barres. Une vingtaine d'hommes, partagés en deux escouades, suffit à tout le travail du haut-fourneau. Par le procédé antique, on avait un petit fourneau qu'on employait produisant, par opération qui ne pouvait durer moins de quatre ou cinq heures, un petit massiau de fer de 12 à 15 kilogr., de 20 tout au plus, le travail de quatre ou cinq personnes au moins; car la soufflerie même était à bras. Lorsque, comme dans l'Écosse et dans le pays de Galles, et dans d'autres localités, moins rares en France qu'on le croit, on a le bonheur de trouver réunis sur le même point le minerai et le charbon, la fabrication peut être énorme en quantité, et le prix devient très bas; alors l'industrie humaine a une arme puissante dont elle se sert avantageusement pour accélérer et perfectionner la production de la richesse. Je dis une arme, je devrais dire un arsenal, car le fer sert dans l'industrie à mille usages; on en fait des milliers d'appareils, pour multiplier et simplifier mille sortes de services que les hommes en société reçoivent et rendent, et qui sont de la richesse au même titre que l'or et l'argent.

Nulle part ces effets ne s'observent aussi bien qu'en Angleterre, parce que c'est le pays où les hommes font le plus de fer, le font le plus aisément, ce qui se traduit par le meilleur marché, et, par conséquent, celui où ils sont le plus induits à s'en servir. La fonte, le fer et l'acier, se voient ici partout; c'est pour l'agriculture comme pour les manufactures, pour le service domestique comme pour les ateliers, sur mer comme sur terre, une ressource infinie et de tous les instants. Regardez ici les outils, depuis le levier jusqu'au rabot, depuis la bêche jusqu'à la lime; passez en revue tous les ustensiles de ménage, démontez une machine, et pesez-en une à une toutes les pièces; comme cette étoffe est solide! comme ce doit être efficace entre les mains d'un bon travailleur! On n'y a pas regretté la matière : ce n'est pas comme dans les outils de l'Inde ou de la Chine, ou dans ceux des musulmans, où l'on a épargné le fer, parce qu'il a trop de prix dans ces contrées; auxquels on n'a donné qu'une façon insuffisante, parce qu'une façon soignée aurait usé le métal, et parce que, pour bien façonner le fer, il faut déjà avoir du fer, beaucoup de fer, de bon fer sous toutes les formes, fonte, fer malléable, acier surtout. Une différence du même genre, mais beaucoup moins prononcée, s'observe dans certains outils et dans certains ustensiles des peuples continentaux, parce que sur le continent le fer a été jusqu'à ce moment-ci beaucoup plus cher qu'en Angleterre. On est frappé, en regardant les outils de l'agriculture anglaise étalés à l'Exposition, de la supériorité que plusieurs d'entre eux offrent sur les nôtres, et elle vient de là.

Une multitude d'articles qui partout ailleurs sont en bloc ou en pierre, dans le premier cas périssables, dans les deux d'un volume et d'un poids incommodes, ici se font en fer. Dans la construction des maisons ou des magasins, on emploie de plus en plus le fer à la grande satisfaction du public, qui y trouve, entre autres avantages, une économie; car c'est toujours à cela, au bon marché, qu'il faut revenir. Je parle du bon marché régulier et permanent qui résulte d'un abaissement des frais de production, et non de celui qui est accidentel et résulte d'une crise politique ou commerciale; ceci n'est pas du bon marché, c'est l'avilissement des prix.

Ici, en Angleterre, un grand nombre de clôtures sont en fer ou en fonte. Ces petits ponceaux, que sur nos routes on construit en maçonnerie pour continuer sous terre les fossés, à l'intersection des chemins, sont presque toujours remplacés par des tuyaux en fonte. Les colonnes de fonte s'offrent à mes regards de quelque côté que je tourne les yeux. A Liverpool et à Londres, dans les docks, elles ont environ un mètre de diamètre à la base : il n'y a pas de charge qui puisse les faire fléchir. Les charpentes en fonte et en fer sont multipliées. Quelquefois ce sont des maisonnettes en tôle qu'on rencontre; par exemple, dans les magasins du chemin de fer de Douvres à Londres, tout le long de la voie. Quand on tient à avoir des bâtiments à l'épreuve de l'incendie, on n'hésite pas à faire les planchers et les portes en fer. Beaucoup de navires destinés à la plus grande navigation sont en fer; M. Porter en estime le nombre à 200 depuis 1830; à plus forte raison les barques des canaux. Sur les chemins auxquels le fer donne leur nom dans notre langue, que de fer, en effet! Rails en fer, machines en fer, tenders en fer, clôtures en fer, engins de toutes sortes en fer. Une imitation de la pratique américaine avait fait substituer, en Europe, dans l'établissement de la voie des chemins de fer, des traverses en bois aux dés en pierre sur lesquels reposaient primitivement les rails. C'était un progrès alors. Les traverses en bois cèdent la place maintenant à des plaques de fonte. Cette idée a été essayée pour la première fois chez nous, sur le chemin de fer de Versailles (rive gauche), par les soins de M. Henry, qui l'a conçue. Elle gagne du terrain partout aujourd'hui. Les expériences récentes de M. Barlow ont prouvé que le mouvement des convois y gagnait beaucoup en douceur.

Les ponts ou viaducs, si nombreux sur les chemins de fer, où il est essentiel de conserver le niveau autant que possible, étaient jadis en pierre ; mais la maçonnerie est chère, et la pierre ne se prête pas à toutes les portées. Sur les chemins de fer français, par exemple, par une prudence que je croirais exagérée, on n'aime pas à donner aux arches en pierre plus de 16 à 20 mètres. Dans certains pays donc, aux États-Unis et en France, on a eu recours au bois. Les viaducs des chemins de fer chez nous et chez les Américains sont très souvent en bois, sur piles en maçonnerie. Les Anglais, après quelques tâtonnements, se sont ralliés aux ponts en fer : ils n'en font plus d'autres maintenant. C'est ainsi qu'en cherchant les meilleures dispositions pour employer cette solide matière à soutenir les chemins de fer en l'air, ils sont arrivés à une invention qui perpétuera dans la postérité le nom de M. Robert Stephenson, digne fils de son père, Georges Stephenson, l'inventeur de la locomotive. Je veux parler du pont-tube en tôle, dont un magnifique échantillon est établi à cent pieds de hauteur sur le détroit de Menai, pour le prolongement du chemin de fer de Chester jusqu'à Holyhead. Avec ce système de ponts, on ne s'embarrasse plus de la largeur des travées ; c'est un jeu, avec le pont-tube, de traverser la route la plus large sans la rétrécir par des culées, sans la couper par un pilier. Les deux grandes travées du pont de Menai ont 135 mètres d'ouverture. Avec ce système, on pourrait donc jeter un pont à Paris d'une rive à l'autre de la Seine, sans piles ni chaînes pour le soutenir. Le tube a, d'un bout à l'autre, 460 mètres. Il pèse 10 millions 600,000 kilogrammes. On en voit à l'Exposition un modèle très joli. L'Exposition présente aussi aux curieux la presse hydraulique qui a servi à élever le tube à la hauteur où il est suspendu. C'est une pièce énorme qui semble faite pour les Titans.

En Angleterre, le fer étant à si bas prix, on ne se contente pas de l'employer dans toute espèce d'appareils, on en fait des constructions considérables. Il y a longtemps qu'on érige des ponts en fonte : quand, à la fin du siècle dernier, un Américain eut inventé les ponts suspendus à des chaînes de fer (on retrouve encore aux Petites Chutes du Potomac, près de Washington, le premier pont en chaînes de fer qui ait été édifié dans l'un ou l'autre hémisphère), les Anglais s'emparèrent de cette invention avec ardeur. Ils en ont fait un emploi extraordinaire. De tous leurs ponts suspendus, le plus renommé est celui qu'avait construit Telford sur le même détroit de Menai ; il est maintenant éclipsé par l'œuvre de Stephenson. Ainsi passe la gloire de ce monde ! C'est des Anglais que cette découverte nous vint ensuite. Nous en avons fait un très grand usage, et de tous les ponts suspendus qui existent le plus hardi est le pont de Cubzac, où l'on voit par un autre côté l'avantage du fer dans les constructions. Les colonnes qui supportent les chaînes du pont à Cubzac sont en fer fondu. En maçonnerie, elles eussent été dix ou vingt fois plus pesantes, et se fussent enfoncées dans le lit vaseux du fleuve, entraînant le pont avec elles. Les Anglais ont beaucoup propagé le pont suspendu. L'Exposition montre le modèle très soigné d'un pont suspendu de dimension inusitée qu'achève maintenant un ingénieur anglais, M. Vignoles, à Kieff, sur le Dnieper. Il doit avoir près de 800 mètres de longueur de tablier ; il y aura quatre travées de 134 mètres et quelques autres plus petites.

Mais les ponts suspendus sont déjà de l'histoire ancienne ; ce qui est plus neuf, c'est d'ériger des phares en fer. J'en connais deux exemples : je ne dis pas que ce soient les seuls. L'un est en Irlande, à Fastnett ; il a 80 pieds anglais (24 mètres) jusqu'à la galerie ; à la base c'est une tour de 25 pieds (7 mètres et demi) de diamètre. Les couronnes en fonte dont la tour est composée n'ont pas tout à fait 4 centimètres d'épaisseur. Un autre plus élevé est aux Bermudes, sur la hauteur nommée Gibbs Hill. L'élévation totale du phare est de 110 pieds anglais (34 mètres). La fonte y est cependant plus mince qu'au précédent. Avant la Californie, les Anglais faisaient déjà des maisons en fer. On vient d'en expédier à Port-Natal, en Afrique, une de 78 pieds (23 mètres et demi) de façade, c'est la façade d'un bel hôtel à Paris, et de 60 pieds (18 mètres) de profondeur.

La facilité d'employer la fonte ou le fer a introduit dans la vie commune des Anglais des usages nouveaux, avantageux à la propreté et au bien-être, et donnant de l'économie. Les tuyaux en fonte étant à bas prix, c'est une raison pour qu'on multiplie les conduites d'eau et les conduites de gaz. La distribution de l'eau est très bien entendue en Angleterre. Les villes secondaires s'en donnent la jouissance; l'eau est amenée jusqu'au sommet des maisons, et de là va dans chaque pièce. Les compagnies de gaz pour l'éclairage ne regardent pas à allonger leurs tuyaux. Telle compagnie pousse ses artères jusqu'à 6, 7, 8 et 10 kilomètres; à Londres, la compagnie du Vauxhall s'étend jusqu'à cette dernière distance. De cette manière la consommation augmente et par là les prix sont de plus en plus réduits. En ce moment à Londres, dans les quartiers populeux, comme la Cité, le prix du gaz est de 5 fr. par 1,000 pieds cubes, ou d'environ 16 c. par mètre cube; dans les autres quartiers, il va à 20 c. A Paris, c'est de 50 c. environ. Comme en Angleterre on prend beaucoup de peine pour épurer le gaz, les particuliers l'emploient de plus en plus pour l'éclairage de leurs maisons; on commence à s'en servir pour la cuisine. On assure qu'elle se fait ainsi plus commodément, plus proprement et qu'on y trouve de l'économie.

J'ai indiqué déjà comment le bon marché du fer était utile à l'agriculture; je pourrais dénombrer divers autres emplois que les cultivateurs anglais font du fer. Je visitais dernièrement une des fermes les mieux tenues du Shropshire; j'y remarquais des sortes d'équipages de tuyaux mobiles en fonte, qui servent à porter l'engrais liquide du bassin où il est renfermé, à quatre ou cinq cents mètres de là, au moyen d'un pompe aspirante et foulante. La machine à vapeur portative, qui est définitivement acquise à l'agriculture, et dont on voit plusieurs échantillons différents à l'Exposition, est née du penchant que le bon marché du fer a donné aux Anglais pour les ustensiles et pour les appareils en fer. Une machine portée sur un train solide, et de la force de trois à quatre chevaux, coûte de 2,000 à 5,000 fr.

L'exposition des fers, des fontes et des aciers de l'Angleterre, tant bruts qu'ouvrés, est splendide. Elle est extrêmement vaste et variée. Elle dénote des moyens de production gigantesques, elle atteste une consommation énorme. Elle comprend depuis le minerai et le charbon brut jusqu'aux barres rondes et carrées les plus massives, jusqu'à la scie circulaire du plus grand diamètre, jusqu'à la lime la plus dure et de la taille la plus égale et la plus fine. On y voit des plaques de tôle gigantesques, d'autres extrêmement minces, des fils de fer à perte de vue, et toute la diversité imaginable d'articles de quincaillerie et de taillanderie. Les limes particulièrement attirent l'attention des connaisseurs. L'acier, qui du reste est obtenu avec du fer du Suède, est un des triomphes de l'industrie anglaise : elle le produit abondamment et de très bonne qualité. Elle en vend à toute la terre. Elle en vendrait bien plus, si, par une aberration incroyable, plusieurs des gouvernements continentaux, dans le but de favoriser l'industrie nationale, ne frappaient de droits exorbitants l'acier fondu de l'Angleterre. La France est celle de toutes chez qui le droit est le plus fort. Singulière façon de protéger l'industrie, que de l'empêcher de se procurer de bon acier, substance indispensable, pour avoir de bons outils! Mais c'est avec cette dose de sagesse que, selon une parole célèbre, le monde est gouverné. Dans le quartier où sont réunis les produits de Sheffield et de Birmingham, l'exposition anglaise est éblouissante. Les Anglais pétrissent et modèlent l'acier avec une puissance remarquable; ils lui donnent surtout un poli admirable. Leurs cheminées en acier travaillé et poli, sur fond de marbre blanc ou de fonte noire, excitent l'admiration des étrangers dans le Palais de Cristal. Leur coutellerie et leur quincaillerie jouissent d'une réputation qui s'augmente de l'attrait du fruit défendu, puisque la plupart de ces articles sont prohibés chez les autres peuples. Il est une punition que je voudrais infliger à nos prohibitionistes, et qui serait de bonne guerre : ce serait de leur interdire personnellement l'usage des rasoirs anglais. Il irait de soi que, lorsqu'ils reviendraient d'Angleterre, ils seraient forcés de donner un cadeau à leurs femmes et à leurs filles non des aiguilles anglaises ou des ciseaux anglais, mais des aiguilles et des ciseaux d'origine française. S'ils se plaignaient de la tyrannie, nous leur répondrions qu'elle est de leur propre invention, et nous leur citerions quelqu'une de ces tirades ampoulées qu'ils nous ont apprises à force de les répéter, sur la nécessité de se fournir exclusivement de produits français et de repousser ceux de la perfide Albion.

Et le bâtiment même de l'Exposition, quel exemple n'est-il pas du rôle que joue le fer en Angleterre!

Mais quelle est en Angleterre l'étendue de la production du fer? M. Porter, dans son excellent Traité sur les ressources de l'Angleterre *(Progress of the Nation)*, a résumé les renseignements existants sur cette production à diverses époques. En 1740, c'était de 17,390 tonnes de fonte brute (la tonne est de 1,000 kilogr.). Cette faible quantité nous donne la mesure de ce que c'était que l'industrie du fer dans les anciens États et de ce qu'elle avait pu être dans l'antiquité, où le procédé de fabrication était si imparfait. Il paraît cependant qu'avant 1740 elle avait été un peu moins modique. En 1750 on était à 22,000 tonnes; en 1788, à 68,000 tonnes; la fabrication du fer par la houille était enfin connue et tombée dans le domaine public. En 1806 on était à 250,000 tonnes; en 1820, à 400,000 tonnes; en 1840, à 1 million 400,000 tonnes; en 1849, à 2 millions 200,000 tonnes. Il s'agit toujours de fonte brute. L'Écosse se distingue du reste du Royaume-Uni par la rapidité toute particulière de ses progrès dans cette fabrication. En 1827, elle donnait environ 37,000 tonnes de fonte sur 696,000. Présentement, elle est à 700,000. D'après un relevé publié par M. Héron de Villefosse, dans la *Richesse minérale*, vers 1806 et 1807, la production de l'Europe tout entière, l'Angleterre comprise, en fer forgé ou en fonte moulée, n'excédait pas 772,000 tonnes, ce qui pouvait représenter au plus 1 million 100,000 tonnes de fonte brute. Notons, en passant, que c'est une indication de la progression qu'à la faveur de la paix a suivie la production de toute chose, et par conséquent la satisfaction des besoins des hommes, ou, pour parler plus clairement, la richesse. Je dis en toute chose, car pour bien des articles, pour les tissus de laine et pour ceux de coton, le mouvement ascendant a été plus rapide, en Angleterre au moins. C'est ainsi que l'Angleterre, vers 1814, consommait moins de 55 millions de livres de coton brut en a consommé, en 1849, 775 millions de livres. En 1806 le fer forgé coûtait à fabriquer environ 16 liv. st. (400 fr.) la tonne; aujourd'hui les frais de production sont de 5 liv. st. (125 fr.) à 5 liv. et demie (138 fr.). La fonte brute en gueuse a subi une baisse plus forte. Pas plus loin de nous qu'en 1835, elle valait à Glascow 103 fr.; actuellement c'est 50 fr. à 60 fr., toujours par tonne de 1,000 kilog.

Dans les autres États la production du fer ne s'est pas agrandie autant, à beaucoup près. En France, de 1806 à 1847, elle a quadruplé. Nous étions, en 1847, à 520,000 tonnes de fonte, mais nous en importions de plus près de 100,000 tonnes, tandis que les Anglais en exportent, et bien davantage. Notre production en fer se serait agrandie plus encore, et la diminution des prix eût été plus marquée, si cet article n'eût été soustrait à l'action de la concurrence étrangère. On a maintenu ainsi la fabrication dans les anciens errements. Quand il s'est formé des établissements nouveaux, on n'a pas toujours choisi les meilleures localités: on était protégé et, à l'ombre du tarif des douanes, on se croyait assuré de toujours vendre. On persiste à faire beaucoup de fer au charbon de bois, ce qui enchérit la production. Il y a telle localité en France où l'industrie du fer se serait développée comme en Écosse, si l'aiguillon de la concurrence étrangère avait obligé les producteurs à rechercher soigneusement les points les plus favorisés par la nature sous le rapport du minerai et du charbon. Je citerai entre autres le département de l'Aveyron, dont les ressources en minerai et en charbon sont prodigieuses. Nos droits de douanes sont de 150 pour 100 sur le fer forgé en grosses barres (206 fr. sur une marchandise qui en vaut 138), de plus de 200 pour 100 sur la tôle (440 fr. sur 200 environ), de 250 pour 100 sur les fils de fer. Tous ces droits équivalent à la prohibition. Nous n'importons pas de fer étranger, sauf une petite quantité de fer de Suède, dont nous faisons de l'acier. Sur la fonte brute, le droit est de 125 pour 100 (77 fr. sur 50 à 60 fr.). La France en est si mal approvisionnée, que nos fondeurs font venir des fontes d'Écosse pour un grand nombre de moulages, malgré l'exagération des droits. Tout cela se passe pourtant à l'ombre d'une Constitution qui garantit expressément à tous les citoyens français la liberté du travail, ce qui, de nos jours, ne signifie rien, si cela ne signifie la faculté de se pourvoir des matières nécessaires au travail là où on les trouve meilleures et à plus bas prix, sans avoir à compter avec les exigences de personne. Mais ces abus touchent à leur terme; les principes de liberté et de justice ont fait petit à petit leur chemin. L'erreur qui a tant fait durer en Europe le système prohibitif est maintenant reconnue; les privilèges que recouvrait le tarif, sans que le législateur eût voulu sérieusement en instituer, sont éventés. La liberté du commerce, l'une des principales figures de la liberté civile, est sur le pavois sur le rivage septentrional de la Manche. Il ne faudra pas longtemps pour qu'elle y soit chez nous aussi. Nous ne sommes plus en ces temps où l'on pouvait dire : Vérité en deçà du détroit, erreur au delà. La notion de la vérité, comme celle de la liberté et de la justice, est une désormais dans toute l'Europe.

VI.

La France et l'Angleterre.

Comparons aujourd'hui la France aux autres nations occidentales qui figurent à l'Exposition; comparons-la surtout à l'Angleterre.

Prenons les tissus, et d'abord ceux de soie. Voyez cette vitrine, que les Lyonnais ont été si lents à remplir; elle fait l'admiration de tout le monde. On se presse pour jouir de ces merveilles. Personne ne conteste que ce soit tout ce que l'art des soieries offre de plus fini, de plus ravissant, de plus parfait. Le choix de cet assortiment d'articles a été fait, il faut le dire, avec un soin tout particulier par la chambre de commerce de Lyon. Rien n'y manque, de la peluche au velours le plus fin, de l'uni le plus simple au façonné le plus varié. Et que peut-on voir de plus beau que la rubannerie de Saint-Étienne étalée tout auprès? Passons aux tissus de laine. Quant aux draps, je m'en rapporterai aux tailleurs de Londres pour savoir ce qu'on doit penser des qualités fines de Sedan, représentées ici par les produits de MM. Bacot et de MM. Bertèche et Chesnon, et les nouveautés de la même ville. Ils en font venir, parce que rien ne contente mieux leur clientèle raffinée. De là, allons aux mérinos. C'est un article d'un grand usage. Les détaillants, non-seulement de l'Angleterre, mais de la terre entière, vous diront que toute femme qui veut une jolie robe de ce tissu demande des mérinos français de la grande fabrique du Cateau, organisée par les soins d'un des hommes les plus éminents de l'industrie française, du mérinos-Paturle, en un mot; car c'est sous ce nom que le mérinos du Cateau est connu dans les deux hémisphères; il s'en fait une très grande exportation. Ainsi, en ce qui concerne la laine, nous sommes les premiers pour les draps fins, nous avons la palme pour le mérinos, nous l'avons pour les mousselines de laine, article d'un grand usage aussi, dont vous trouvez à l'Exposition de charmants échantillons de Mulhouse : nous en exportons beaucoup; nous l'avons pour les châles communs et les châles imprimés, dont l'Exposition française offre des échantillons charmants : nous en exportons considérablement; et pour les châles superfins, nous ne craignons personne. Nous l'avons pour les barèges, article très intéressant où la soie est mêlée à la laine, chaîne de soie, trame de laine. Ici, il ne faudrait pas dire que c'est le bon goût de nos dessins qui seul nous donne l'avantage, quoiqu'il n'y nuise pas. Même pour la filature de la laine, besogne toute mécanique, nous sommes à la hauteur des Anglais, qui sont de si grands mécaniciens. Pour vous le prouver, je ferai ce que j'aurais pu faire déjà pour les draps, les mérinos, les mousselines de laine, les châles; je ne me contenterai pas de vous mener alternativement dans le quartier anglais et le quartier français, en vous disant : Jugez et comparez; je vous renverrai au *Tableau du commerce* que publie l'administration. Il est si vrai que nous filons la laine aussi bien que les Anglais qu'ils nous demandent d'être leurs filateurs. Reims et autres lieux leur fournissent une grande quantité de la laine filée, du genre cardé, qui de chez nous se rend surtout à Glasgow, où l'on en fait les châles communs de l'espèce *tartan*. Depuis quelque temps un autre phénomène plus curieux se passe. Nous achetons dans les docks de Londres, vous entendez? de Londres, de la laine brute, de la laine peignée ou plutôt à peigner. Nous la préparons, nous la filons et nous la retournons toute prête pour le tissage aux Anglais, qui trouvent plus avantageux de nous l'acheter, malgré les frais d'aller et de retour, que de la filer eux-mêmes. Enfin voici que pour mettre le comble à notre supériorité dans la filature de la laine peignée, nos ateliers se mettent à employer une machine peigneuse de la maison Schlumberger, de Guebwiller, qui donne des résultats inespérés. C'est cet appareil qui a permis à la fabrique du Cateau de faire les mérinos extraordinaires qu'elle a exposés.

Le coton! c'est le triomphe des Anglais. Ce qu'ils absorbent de coton brut pour leurs filatures, leurs ateliers de tissage et d'impression, est surprenant, est fabuleux, 325 millions de kilogr. Ils en vendent tant et tant, outre ce qu'ils consomment, que, pour exprimer par un nombre simple la grandeur de leur exportation, il faut chercher l'unité de mesure en dehors de ce qui nous est le plus familier, et prendre en place du mètre et de la lieue le tour de la planète. L'exportation anglaise en calicot et en toile peinte a représenté, en 1849, plus de trente fois le grand cercle du globe terrestre ou en termes plus vulgaires le tour de la terre; et si l'on y joint ce que ferait de calicot ou de toile peinte le fil exporté, on trouve un total de cinquante fois cette unité gigantesque. Je sais tel fabricant de toiles peintes de Manchester, M. Schwabe, dont la fabrication annuelle va à 700,000 pièces d'un peu plus de 25 mètres chacune. C'est 17 millions 500,000 mètres, et le tour de la terre n'en fait que 40 millions. Pour le coton, cependant, j'ai demandé à des personnes non suspectes, à des manufacturiers de Manchester, à des imprimeurs avec lesquels je parcourais l'Exposition, s'ils croyaient l'emporter. Voici les maîtres, m'ont-ils répondu en me montrant l'étalage de Mulhouse; et en effet rien n'est beau, en fait de toiles peintes, comme cette collection d'articles. C'est un merveilleux assortiment de couleurs, une admirable correction de dessins: il y a surtout une pièce représentant des bouquets de tulipes devant laquelle s'arrêtent les amateurs comme devant un chef-d'œuvre. On admire aussi beaucoup deux ou trois autres groupes de fleurs, un surtout qui est rouge à trois tons. On sait que l'application du beau rouge, dit rouge turc, sur le coton est due à un des Kœchlin, de Mulhouse. Il n'y a personne au monde qui, pour les toiles peintes, égale les Dollfus-Mieg, les Hartmann, les Odier, Gros, Roman et C°, et leurs dignes confrères de l'Alsace, si ce n'est M. Japuis, de Claye (Oise), qui a exposé les articles les plus surprenants. La fabrique de M. Japuis a cette particularité que tout y est fait par des femmes. Ces magnifiques toiles peintes ne sont pas à des prix exorbitants : elles se vendent de 80 cent. à 3 francs le mètre. Nous en exportons beaucoup. Les Anglais livrent sur le marché général à meilleur marché que nous les toiles peintes les plus communes; mais le fait est qu'ils en donnent au consommateur tout juste pour son argent. C'est d'une qualité bien médiocre. Ils font aussi un énorme commerce en filés de coton; c'est une de leurs gloires et une de leurs richesses. Je lis dans l'excellente *Histoire de l'Industrie cotonnière* de M. Baines que les Indiens, par l'incomparable dextérité de leurs doigts, étaient parvenus à filer le n° 200; dans quelques cas seulement ils s'étaient élevés jusqu'au n° 250. C'est avec ces numéros qu'on fait les mousselines. Les Anglais, dans ces derniers temps, sont arrivés aux n°^{os} 500, 600, 1,400, et on peut voir à l'exposition de la maison Bazley, de Manchester, le n° 2,070 (1); je parle ici en numéros anglais; en mesure française ce serait moindre d'un cinquième environ. Ces numéros si élevés sont des tours de force jusqu'à présent sans usage. Presque toute la consommation est au-dessous du n° 200. Pour les fils du plus grand débit, notre désavantage aujourd'hui est bien faible, si même ceux de nos filateurs qui sont intelligents ont, par rapport aux Anglais, une infériorité quelconque. Un de nos manufacturiers les plus considérés pour leur capacité éprouvée et pour leur loyauté, qui est filateur lui-même en même temps qu'il tisse et qu'il imprime, M. Jean Dollfus, a positivement établi qu'en Alsace ceux de nos filateurs qui emploient des chutes d'eau sont parfaitement en

---

(1) C'est d'une finesse telle qu'il n'en faut pas moins de 3 millions 600,000 mètres, c'est-à-dire quatre fois la distance de Paris à Marseille, pour former un kilogramme.

état de soutenir la concurrence de la filature anglaise, parce qu'ils produisent au même prix qu'eux. Quant à ceux qui ont des moteurs plus chers, si l'on tient compte de la différence de la main-d'œuvre, leur prix de revient n'est pas plus élevé que celui de Manchester. En tout cas, personne ne peut contester que si nous accordions la libre entrée aux calicots écrus ou aux cotons filés des Anglais, nous livrerions à meilleur marché qu'eux les toiles peintes qui proviendraient de ces importations. Mais nous nous en gardons bien. Lorsque des imprimeurs de Rouen ou de Mulhouse ont demandé qu'on leur permît l'importation des calicots anglais à charge de réexportation, il leur a été répondu qu'ils étaient les ennemis du travail national.

Je pourrais prolonger cette revue des tissus, j'arriverais toujours à la même conclusion, pièces et preuves en main. C'est à peine s'il y a quelque classe importante de tissus où, pour l'ensemble, et surtout pour les qualités les plus distinguées, nous ne soyons parvenus au niveau des Anglais, quelque habiles qu'ils soient; et le nombre des articles de grand débit, où nous les surpassons, est presque aussi grand que celui des articles où ils nous battent. Pour les tissus de coton autres que les toiles peintes, pour les articles brodés, par exemple, nous sommes au-dessus d'eux ; pour les tissus de lin, et notamment pour le linge damassé, nous ne craignons ni l'Angleterre ni la Saxe. Nous sommes, en un mot, de tout point une très grande puissance manufacturière.

Mais examinons les Anglais dans leur fort. J'ai déjà parlé des filés de coton. Voyons les machines. Les Anglais les font très bien ; ils en ont vendu et ils en vendent à la terre entière. Là même cependant nous avons cessé de leur être inférieurs. La machine classique, c'est la machine à vapeur. Si, par un inconcevable oubli, nous n'avions négligé d'avoir ici quelques-uns des derniers modèles de Paris, de Rouen, du Nord ou de l'Alsace, nous eussions étonné les Anglais eux-mêmes. Nos machines à vapeur sont parvenues à la plus grande simplicité de construction ; elles fonctionnent aussi bien que les machines anglaises, ne se dérangent pas davantage, et elles consomment moins de charbon. Nous appliquons mieux qu'eux, d'une manière plus intelligente, le principe de la *détente variable*. Quant aux machines de navigation maritime, supérieurement représentées à l'Exposition par une machine de M. Maudslay de 700 chevaux et par divers appareils fort remarquables de M. Penn, les Anglais ont eu tant d'occasions d'en faire qu'ils sont parvenus à y réussir parfaitement. Nous, depuis l'opération des paquebots transatlantiques, humiliante pour l'administration qui s'en était chargée et désastreuse pour le Trésor, nous en avons construit très peu; mais nous nous acquittons admirablement des machines destinées à la navigation fluviale; on n'a qu'à voir sur le Rhône. Outillés comme nous le sommes, et avec le personnel d'ouvriers que nous avons formé, nous serions en mesure d'exécuter très bien des machines de la plus grande navigation, si nos constructeurs en avaient un certain nombre à faire, c'est-à-dire si le gouvernement les leur demandait, au lieu de les fabriquer lui-même. Pour les machines de navigation, il est même à remarquer que les Anglais ont fini par nous emprunter les machines oscillantes qui ont été mises en relief en France par la maison Cavé, de Paris.

A cette occasion, je ne puis m'empêcher d'exprimer mon vif étonnement de ce que notre gouvernement, qui a établi une vaste usine de construction mécanique à Indret, qui a monté des ateliers de construction dans tous ses arsenaux maritimes, n'ait pas jugé à propos d'exposer quelqu'une des machines de navigation de sa façon. Quand on se mêle de l'industrie, on est tenu d'en subir les conditions. On a beau être un gouvernement, on n'est pas affranchi de l'obligation de se montrer à ces grands concours des Expositions. Quand on se dispense d'y paraître, on donne au public lieu de croire qu'on a ses raisons pour fuir la lumière du jour, et qu'on redoute les comparaisons. Si j'avais l'honneur d'être membre de l'Assemblée nationale, l'absence des produits de notre administration de la marine au Palais de Cristal suffirait pour me faire voter la fermeture de l'établissement d'Indret. Les manufactures nationales de Sèvres, des Gobelins et de Beauvais ont exposé parce qu'elles font des produits supérieurs. Les visiteurs de l'Exposition de Londres en tirent la conclusion que si Indret n'a pas exposé, c'est que les machines d'Indret sont inférieures.

Il n'est pas jusqu'à la locomotive pour laquelle les constructeurs français ne se soient élevés à la hauteur des Anglais. Nous n'en avons ici qu'un échantillon, c'est une machine de Cail, de Paris, retirée, si j'ai bonne mémoire, du chemin de Lyon, où elle était déjà en activité. L'expérience, qui est un juge sans appel, a décidé que nos principaux établissements exécutent ces appareils aussi bien que les fabricants anglais les plus renommés. Le modèle qui prévaut maintenant, chez nous comme en Angleterre, est celui de M. Crampton, qui joint une grande puissance à une grande stabilité. Le chemin du Nord va avoir dans ce système des machines qui traîneront 500,000 kilogr. de charbon.

Au sujet de la machine à vapeur, je mentionnerai ici un mérite que nous partageons avec d'autres, mais dont nous avons la meilleure part. La machine à vapeur s'appelait primitivement *machine à feu*, parce que ce qui la distingue, c'est l'emploi du feu pour développer la force élastique de la vapeur d'eau, force élastique que la machine transmet à un arbre tournant, et qui de là passe à la destination qu'on veut. On cherche depuis longtemps s'il n'existerait pas quelque force élastique d'un emploi plus avantageux que celle de la vapeur d'eau, c'est-à-dire qui procurât un plus grand effet utile avec la même quantité de feu, ou, pour parler plus manufacturièrement, avec la même dépense de combustible. On a proposé de se servir de la force élastique de l'air grandement échauffé. Depuis quelque temps, on a fait des tentatives avec l'éther, qui, on le sait, se vaporise avec une facilité extrême. C'est en France surtout que ces essais sur l'éther ont été faits. On voit en activité, depuis quatre ans, dans la cristallerie qui est située aux portes de Lyon, au faubourg de la Guillotière, une machine à feu où l'éther est substitué à l'eau. Elle est d'une force de 25 chevaux. Il est certain qu'elle est d'une manœuvre très facile, qu'elle se dérange moins qu'une machine à vapeur d'eau, qu'elle nécessite moins d'entretien. Le même éther y sert indéfiniment, sauf une perte insignifiante d'un litre par vingt-quatre heures. Comme dans cet établissement l'éther est chauffé par la vapeur, autrefois perdue, qui s'échappe d'une machine à vapeur ordinaire à haute pression, la force de 25 chevaux est un bénéfice net. L'auteur de cette remarquable machine est M. Dutremblay. Maintenant les esprits chercheurs se tournent vers un autre liquide, rival bien connu de l'éther pour un autre emploi éminemment bienfaisant, le chloroforme. De belles expériences ont été faites sur la vapeur du chloroforme par les soins d'un autre inventeur, M. Lafond, qui, venu après M. Dutremblay, a perfectionné la découverte de celui-ci. En ce moment, une machine à feu de ce nouveau genre, de la force de 120 chevaux, se construit, aux frais de l'État, dans les ateliers de la marine à Lorient, sous la surveillance d'une commission que préside un de nos plus savants ingénieurs, M. Reech, directeur de l'école du génie maritime. Nous n'essaierons pas de prévoir quel pourra être le résultat de ces tentatives : l'expérience prononcera dans quelques mois; mais je crois devoir les citer ici. C'est une preuve curieuse de l'initiative pleine d'audace et de vigueur que la France a prise dans les arts utiles.

Quant aux métiers destinés aux fabriques de tissus, et particulièrement aux filatures de coton, de lin, de laine, nous en exportons, ce qui est la meilleure preuve de l'habileté que nous y avons acquise. L'Alsace et Paris, les André Kœchlin, les Schlumberger, les Decoster et d'autres ne s'inclinent devant la concurrence de personne, pour la bonne façon. Il est bien connu que nous fournissons des métiers en grande quantité aujourd'hui à la Suisse et au midi de l'Europe, et *même* à l'Allemagne, malgré les Anglais.

Il y a *même* telles espèces de machines pour lesquelles nous avons un savoir-faire dont la supériorité est reconnue. Je vous ai déjà cité la machine à faire le papier continu; mais je veux plutôt appeler votre attention sur les moteurs hydrauliques. Depuis plus d'un demi-siècle, depuis le moment où Watt eut produit son beau modèle de machine à vapeur, devant lequel, pendant quarante ans, l'art de l'ingénieur s'est arrêté comme devant une œuvre qu'il fallait se borner à copier, les Anglais ont employé avec une prédilection presque exclusive la machine à feu. C'est vraisemblablement pour cela que, chez nos voisins d'outre-Manche, les machines qui emploient la force motrice de l'eau n'ont pas reçu les améliorations qui y ont été apportées chez nous. Nous avons perfectionné les roues hydrauliques, nous avons créé la turbine, appareil puissant fort simplifié aujourd'hui, qui perpétuera le nom de nos savants ingénieurs, tels que M. Burdin, et de nos habiles constructeurs, comme M. Fourneyron et d'autres. On peut voir à l'Exposition une turbine française, dans le système de M. Fontaine. Le public, qui partout est badaud, passe outre sans y jeter un coup d'œil, et au contraire il s'attroupe avec une curiosité avide devant une machine hydraulique d'invention anglaise, à force centrifuge, qui soulève et répand une nappe d'eau, et sur le mérite de laquelle, quant à présent, je demande de rester dans le doute philosophique.

Restons dans le fort des Anglais. Il y a dans leur Exposition une autre catégorie d'articles qui frappe justement les regards : ce sont les instruments et les ustensiles en fer de toute sorte, fer malléable, acier et même fonte. Ils manient avec une énergie extraordinaire ces substances résistantes ; ils en font tout ce qu'ils veulent. Le fer, sous toutes les formes et à tous les états, joue un si grand rôle en Angleterre, c'est un si puissant auxiliaire de l'industrie en général, que je n'ai cru pouvoir me dispenser d'y consacrer un article à part. C'est le légitime orgueil des Anglais d'exceller à travailler le fer dans toutes ses variétés. Ils en ont mis des échantillons de toutes sortes : des tuyaux en fonte qu'un enfant de dix ans parcourrait sans baisser la tête, et dont il a été fondu à Glasgow 4,500 ; des feuilles de tôle gigantesques, des rails d'une longueur inouïe, et puis des foyers, les uns tout en acier encadré dans du marbre, d'autres moitié fonte, moitié acier, qui sont de la plus grande beauté. Sous la main des Anglais l'acier reçoit un poli sans pareil. Ce même acier est la matière d'une myriade d'outils. La coutellerie anglaise jouit d'un grand renom ; de même leurs scies droites ou circulaires ; leurs limes, celles surtout d'un calibre un peu fort, sont sans égales. Ils ont un personnel nombreux d'ouvriers qui excelle dans toutes ces fabrications. Sans contester l'habileté des Anglais, j'oserai avancer ici que dans les ouvrages les plus difficiles de la coutellerie, l'élite, la toute petite élite, il est vrai, de nos fabricants réussit aussi bien qu'eux et mieux qu'eux. Tout réussit à qui prend de la peine. Il est de notoriété en Europe que les instruments de chirurgie de M. Charrière, au lieu d'être inférieurs à ceux des fabricants anglais les plus célèbres, ont au contraire des mérites de plus. M. Charrière est véhémentement soupçonné de se servir d'acier fondu de Sheffield, mais il n'est pas à blâmer pour cela. Il prend sa matière première là où il est assuré de la trouver bonne : c'est son droit, c'est même son devoir envers sa clientèle. S'il y a quelqu'un à blâmer à ce propos, c'est la législature qui s'obstine à empêcher, par un droit monstrueux, les excellents aciers de l'étranger de pénétrer en France, où l'on en tirerait un si bon parti pour la fécondité du travail national et pour fabriquer des articles que nous exporterions ensuite avec avantage. Pareillement il y a ici telle pièce de chaudière de locomotive de fabrication française (de la maison Cail), que le public heurte du pied et se plaindrait volontiers de rencontrer sur son chemin, qui atteste à quel point nous sommes parvenus pour l'élaboration du fer.

On remarque dans l'Exposition anglaise une machine imposante par ses dimensions : c'est la presse hydraulique qui a servi à élever le fameux pont-tube tout en tôle de fer, que j'ai déjà mentionné, celui que l'ingénieur Stephenson a jeté récemment sur le détroit de Menai pour permettre au chemin de fer qui porte la malle de l'Irlande d'aller jusqu'à Holyhead, à la pointe occidentale de l'île d'Anglesey. Cette presse appelle l'attention parce qu'elle est colossale ; mais elle tire presque tout l'intérêt qui s'y attache du pont lui-même. C'est en effet un véritable progrès dans l'art des grandes constructions, il a des dimensions prodigieuses : je vous l'ai dit, il consiste en un tube fait de plaques de tôle rivées les unes aux autres, qui reposent sur trois piles, de façon que les deux arches centrales ont l'effrayante portée de 139 mètres. Ce pont même se reproduit dans la galerie centrale de l'Exposition par un joli modèle en petit qui donne même le détail du procédé suivi pour porter le tube à l'élévation où il est suspendu dans les airs. Je ne puis pourtant m'abstenir de remarquer que le pont en fonte qu'on achève en ce moment sur le Rhône, à Beaucaire, et qui offre des arches de 66 mètres, supporterait dignement le parallèle avec l'œuvre magnifique de M. Robert Stephenson. Les arches y sont formées de voussoirs appuyés les uns sur les autres, comme ceux dont se composent les arches en pierre. Le pont de Beaucaire suppose qu'on sache travailler la fonte avec précision. A cette condition, il est d'une solidité à toute épreuve, et, dans le plus grand nombre de cas, une portée de 66 mètres répond à tous les besoins. Les pièces du pont de Beaucaire sont fondues et dressées à Fourchambault, dans les ateliers de M. Émile Martin, sur les plans de M. Paulin Talabot.

Il n'est pas jusqu'à la quincaillerie, à l'égard

de laquelle nous passons pour arriérés, que nous n'exécutions très bien. Voyez ici l'exposition de l'élite de nos fabricants, tels que MM. Japy, Goldenberg, Coulaux; c'est certainement très recommandable, c'est très bien ouvré. Ils en vendraient au dehors plusieurs variétés au moins, n'était la cherté des matières premières, c'est-à-dire du fer, de la fonte et de l'acier, qui ne sont à un prix très haut chez nous qu'en vertu du tarif des douanes.

Le fer, la fonte et l'acier ne sont pas les seuls métaux que nous sachions très bien ouvrer. Avec le zinc nous faisons toutes sorte d'ouvrages remarquables. Les mines de la Vieille-Montagne nous livrent leur produit, que nous élaborons très habilement. Les usages auxquels on est parvenu à ployer ce métal dans les arts domestiques et dans les constructions des maisons sont très multipliés. On a réussi même à en couler des objets d'art de la plus grande dimension. Une des plus grandes pièces de toute l'Exposition est la statue en zinc de la reine d'Angleterre sur son trône. Enfin, nous travaillons le cuivre avec une véritable supériorité. La grande chaudronnerie française est la première du monde. La maison Cail est depuis longtemps connue dans les deux hémisphères pour ses grands appareils à cuire et à raffiner le sucre, qui appartiennent à cette branche d'industrie. Voici bien des fois que le nom de cette maison revient sous ma plume avec éloges. C'est d'abord qu'elle fait très bien dans beaucoup de genres; c'est aussi parce que, parmi nos grands constructeurs, M. Cail est presque le seul qui ait envoyé à l'Exposition beaucoup d'articles. Il mérite d'être loué pour avoir ainsi pris à cœur que l'industrie française fût dignement représentée ici et y parût dans tout son éclat. Je dois signaler aussi l'exposition d'une maison de chaudronnerie de Givet (Ardennes), celle de MM. Estivant frères, qui a envoyé à Londres, entre autres articles, deux chaudières en cuivre jaune de la façon la plus soignée.

La France semble ignorer ses forces productives, le génie manufacturier qui la distingue. Elle a devant elle les plus belles carrières industrielles, pourvu qu'elle ne se suscite pas à elle-même des entraves, pourvu qu'elle se décide à écarter les obstacles artificiels qui contrarient le libre essor de ses enfants. La France n'a rien à craindre en industrie, si ce n'est ses propres préjugés, son ignorance de ce qui lui convient, sa condescendance pour les hommes qui caressent en elle les notions surannées d'un faux patriotisme. C'est ce qui sera moins incomplétement établi lorsque j'aurai achevé la revue sommaire des principales branches de la production.

VII.

La France et l'Angleterre.

Dans la précédente lettre, j'ai commencé le parallèle entre l'industrie française et celle de la grande nation qui, fière d'elle-même, a donné dans le Palais de Cristal l'hospitalité aux productions de l'univers. J'ai montré qu'inférieurs sur certains points, nous reprenions l'avantage sur d'autres. Entre les deux émules jamais la distance n'est grande, à moins cependant qu'il ne s'agisse d'articles où le goût ait une grande part; car, presque toujours alors, notre supériorité est éclatante. Je dis presque toujours, car à cette règle j'aurai à noter des exceptions. Je dois ajouter qu'en constatant la parité de distinction industrielle entre les deux pays, j'ai en vue d'abord la bonne façon des produits. Quant au bon marché, il faut convenir que sur plusieurs points nous avons un désavantage quelquefois énorme; mais cette cherté des produits français est bien souvent factice; elle tient en effet le plus souvent à des causes artificielles sur lesquelles le législateur aura, lorsqu'il le voudra, une action soudaine et décisive, car c'est lui qui les a suscitées et qui les maintient par respect pour une théorie dont désormais la fausseté est démontrée. C'est le tarif des douanes, dont les stipulations enchérissent extrêmement quelquefois les matières premières, le fer et l'acier notamment, au grand détriment du travail national, et érigent dans quelques cas de véritables monopoles funestes au progrès des arts et incompatibles avec les tendances libérales de la civilisation moderne. La grandeur du capital anglais, d'où résulte la grandeur des opérations, est pourtant aussi, dans un certain nombre de circonstances, une cause de bon marché à l'avantage de l'industrie anglaise, car il en résulte une diminution des frais généraux. Si un dessin de toile peinte ne sert au fabricant français que pour la fabrication de deux cents pièces, tandis que l'Anglais en tirera parti pour huit cents ou mille, c'est, proportionnellement, une somme plus forte que le premier paye en rétribution de dessinateur et du graveur, en achat de cuivre pour rouleaux d'impression.

Continuons l'examen comparatif pour les principales branches de l'industrie manufacturière. Ce sera le moyen de contrôler et de confirmer la conclusion que je viens de présenter par avance.

Une des industries les plus usuelles, une de celles auxquelles le pauvre comme le riche ne peut se soustraire, est celle de la poterie. Depuis la porcelaine jusqu'à la terre de pipe et aux grès les plus communs, depuis la faïence la plus fine jusqu'aux plats et aux cruches vulgaires en terre rouge que recouvre un vernis jaune verdâtre obtenu avec l'alquifoux, c'est une prodigieuse variété d'ustensiles que les hommes ont sans cesse à la main, dont ils garnissent ou ornent leurs tables, leurs cheminées, toute leur demeure. Sur ce point, la palme appartient à la fabrique nationale de Sèvres incontestablement. Non-seulement pour la beauté et l'élégance des formes, le mérite de la peinture et de la décoration, mais encore pour la blancheur et la solidité de la pâte, la dureté du vernis ou *couverte*, aucun établissement au monde n'égale Sèvres, et ses produits excitent l'admiration générale au Palais de Cristal. Depuis quelques années, Sèvres, qui était déjà haut placé dans l'estime des connaisseurs, a fait des progrès extraordinaires. La révolution de 1848 a été pour Sèvres un coup de fouet. Il a fallu justifier par des titres nouveaux la faveur exceptionnelle d'être inscrit à titre de fabrique nationale sur ce budget qui est en déficit. Il a fallu attirer les chalands par une production qui fût d'un prix modéré sans cesser d'être parfaitement belle, car Sèvres maintenant vend ses produits à qui en veut. Sèvres n'est plus à l'usage exclusif des rois. De là un problème complexe admirablement résolu par le savant ingénieur qu'avant de mourir avait choisi pour son héritier le vénérable M. Brongniart, M. Ebelmen, à qui les sciences chimiques et minéralogiques doivent des découvertes précieuses; c'est lui qui a trouvé le moyen de faire des rubis que ni chimiste ni joaillier ne distingueraient de ceux de la nature. Soutenu par une commission de surveillance composée d'hommes de beaucoup de goût, le nouveau directeur a porté Sèvres à un degré d'avancement glorieux pour la France et pour lui-même. Sèvres fait de belles assiettes, en blanc, à 12 fr. la douzaine. Et en même temps il fait des articles plus magnifiques que jamais.

Sèvres fait couramment aujourd'hui des objets minces comme du papier, qui laissent bien en arrière les tasses fines des Chinois. C'est un commerce qui paraît devoir être une source de profits pour l'établissement. On vend 6 fr. 50 c. des tasses, dont jamais la Chine n'a donné les pareilles, et là-dessus on a 2 fr. de profit (1). C'est par le coulage, c'est-à-dire en coulant la pâte liquide dans un moule, qu'on est parvenu à fabriquer ces charmants articles. En Chine, on obtient ces tasses par le procédé ordinaire, le moulage à la main; aussi en Chine est-ce un article coûteux. Le procédé du coulage a cela de merveilleux, qu'il donne aussi des objets de la plus grande dimension, parsemés de moulures les plus délicates, où se mêlent des figures du dessin le plus correct. Sèvres a fait dans ce genre un baptistère de 1 mètre 60 centimètres de diamètre. Sèvres fait aussi des émaux avec un rare succès. M. Ebelmen a eu l'idée de substituer la tôle aux feuilles de cuivre pour recevoir l'émail. A la température qu'il faut pour que l'émail se fonde et s'étale, le cuivre est voisin de son point de fusion; une plaque émaillée en cuivre, dès qu'elle dépasse une longueur médiocre, se gauchit donc au feu. Le fer résiste infiniment mieux, parce que son point de fusion est beaucoup plus élevé. On pourra ainsi faire des figures sur émail de plus d'un mètre de haut. Ainsi Sèvres est vraiment à la tête de l'art; il ouvre des voies nouvelles à l'industrie privée, il lui fournit des procédés neufs, il lui donne des modèles. Il est ce que devraient être toujours et ce que sont rarement les établissements entretenus par l'État? Avec notre fabrique des Gobelins où un savant illustre, M. Chevreul, a répandu tant de lumières; avec l'Imprimerie impériale de Vienne, qui possède

(1) Le prix de la tasse avec sa soucoupe n'est même que de 3 fr. 75 cent. sans dorure.

une collection de caractères sans pareille et qui les met supérieurement en œuvre ; avec notre propre Imprimerie nationale et un petit nombre d'autres institutions européennes, Sèvres forme un groupe d'un grand intérêt. C'est à regret que nous n'y joignons pas Meissen, fabrique royale de porcelaine de Saxe. Cet établissement, jadis si renommé, n'est pas en progrès : il ne rend plus aucun service à l'art, il marche à la remorque. Heureusement la Saxe n'a pas besoin des établissements royaux pour être un des émules les plus honorés dans la carrière des arts utiles comme dans les sciences, les lettres et les beaux-arts.

En fait de porcelaine, c'est un progrès acquis désormais que la cuisson à la houille. Après beaucoup de tâtonnements, on y a complétement réussi. Le mérite de ce succès appartient à M. Vital-Roux, qui avant 1848 avait une fabrique à Noirlac (Cher) ; c'est lui qui en ce moment dirige les fours à Sèvres. Sèvres ne cuit plus autrement. L'économie est considérable ; avec le bois, chaque fournée coûtait à Sèvres 900 fr. ; avec la houille, ce n'est plus que 170 fr., quoique la houille y soit passablement chère. En général, avec ce procédé de cuisson, un stère de bois est remplacé par deux hectolitres de charbon. En Angleterre, en Belgique, comme à Sèvres, la substitution du combustible minéral au végétal est un fait consommé. Le bois tient bon encore en Limousin, où sont les plus considérables fabriques de porcelaine de l'Europe. La houille y coûterait trop cher. Ici on aura probablement un exemple des perturbations dont sont accompagnés la plupart des perfectionnements, parce qu'il semble qu'il soit dans les desseins de la Providence que l'espèce humaine achète par la *sueur du front* de quelques-uns de ses enfants chaque bien qui lui arrive. Il est vraisemblable que l'effet de ce progrès sera de forcer la fabrication de la porcelaine à émigrer de la vallée de la Haute-Vienne dans celle du Cher. La pâte à porcelaine préparée en Limousin ira chercher le combustible minéral dans le Berry.

Pour la porcelaine proprement dite, la porcelaine dure, poterie blanche à pâte translucide, composée principalement de kaolin avec une couverte de feldspath, la France a l'avantage sur l'Angleterre, sur toute l'Europe. Les Anglais, qui ont cependant de beaux gîtes de kaolin dans le comté de Cornouailles, s'y adonnent peu. Les porcelaines de Limoges produisent à très bas prix, et leurs objets à bon marché ne manquent pas de goût. La maison Jouhanneaud, la maison Valin et quelques autres de cette industrieuse cité en exportent de grandes quantités dans les pays peu nombreux où leur production n'est pas frappée d'un droit excessif. Les États-Unis, en ce moment, reçoivent des masses de la porcelaine de Limoges. Mais pour la poterie fine, dont la terre de pipe, jadis estimée, est aujourd'hui le plus humble échelon, l'Angleterre l'emporte. Elle fait des produits dont la composition est même très variée, je veux dire qu'elle a pour ses pâtes des mélanges très divers. Chez elle cette fabrication est pourtant concentrée dans un nombre médiocre d'établissements gigantesques, parmi lesquels je citerai celui d'*Etruria*, à la famille Wedgwood, et ceux de M. Minton, de M. Adams, de M. Ridgway, de M. Meigh ; les uns et les autres dans le Staffordshire. Il en existe un autre à Glasgow, un près de Newcastle, un enfin, en baisse aujourd'hui, près de Worcester. M. Wedgwood suit trop fidèlement peut-être les traditions de son grand-père, homme d'une grande habileté, qui fit avancer l'art, et dont le nom est connu dans les deux hémisphères, car il répandit à profusion, à la grande satisfaction de tous les publics, ses produits alors sans pareils dans tous les pays, sauf la France cependant, où une loi de guerre, celle de brumaire an V, qui est encore en pleine vigueur sur ce point, les a empêchés d'entrer même en échantillon. Aujourd'hui, à *Etruria*, l'on emploie la même pâte et à peu près les mêmes formes qu'autrefois. Cette pâte est un mélange d'argile plastique et de feldspath. La pâte de M. Minton combine le kaolin, matière supérieure, à l'argile plastique. Sa couverte, comme celle de la poterie dite porcelaine tendre, renferme du plomb, dont il n'entre pas un atome dans la vraie porcelaine, mais il y mêle du feldspath. M. Minton fabrique aussi des objets de fantaisie avec une pâte qui remplace notre biscuit avec avantage. Elle a le ton légèrement jaune de l'ivoire, elle en a l'aspect moelleux. Ce sont des articles fort goûtés en ce moment sous le nom de *pâte de Paros*. C'est du feldspath pur. Il fait aussi de la porcelaine tendre, article qui a le précieux avantage de mieux se prêter à la peinture, mais qui a l'inconvénient de se rayer. Cette fabrication, systématiquement abandonnée à Sèvres depuis longtemps, va y être reprise pour satisfaire à un vœu du public.

Nous réussissons cependant très bien dans plusieurs articles courants en poterie fine, comme des services de table. Creil et Montereau en font de très jolis en poterie peinte. On n'y réussit pas aussi bien la grande platerie. La poterie de la fabrique de Sarreguemines, où l'on travaille dans le genre du Staffordshire, je veux dire avec des pâtes et des vernis composés d'après des recettes analogues, n'a pas paru à l'Exposition universelle: c'est à regretter. Cet établissement donne des objets d'une grande beauté et de forte dimension. On y imite le porphyre à faire illusion aux connaisseurs; dans les palais nationaux, telle urne qu'on croirait du porphyre de Suède, est en poterie de MM. Uzschneider, de Sarreguemines. En somme, la poterie fine, en général, est chère en France ; elle l'est, non à cause des difficultés de la fabrication, mais par l'absence de la concurrence. Abrités par la prohibition absolue dont les favorise le tarif des douanes, en vertu de la loi de brumaire an V, les producteurs, réduits au nombre de deux ou de trois, vendent leurs produits ce qu'ils veulent ; et personne au dedans n'ose élever de fabriques rivales. On craint de s'exposer trop en luttant contre des adversaires auxquels des profits accumulés permettraient de supporter pour un temps une baisse énorme de prix.

Dans la poterie très commune qu'on appelle le grès, nous avons récemment fait de grands progrès ; nous la faisons mieux que qui que ce soit aujourd'hui. L'invention en est due à un peintre habile, M. Ziégler, qui s'était fait fabricant de grès à Voisin-Dieu. La poterie de grès reçoit chez nous aujourd'hui des formes très agréables. On peut regretter seulement que M. Ziégler ait appliqué son beau talent à une matière aussi commune, disons-le même, aussi ingrate. C'est un mélange de sable et d'argile plastique.

L'élaboration du verre et du cristal constitue une autre industrie très utile aux hommes et extrêmement diverse dans ses productions. Elle a reçu des perfectionnements admirables dans les temps modernes, de plus grands encore que la poterie, car si les anciens n'avaient sur leur table que des plats et des assiettes mal vernissés ou sans vernis, et qui par conséquent devaient promptement sentir le graillon, ils faisaient au moins, pour la décoration, des vases de la plus grande beauté, dont toutes les collections d'antiques s'enorgueillissent. La verrerie et la cristallerie des anciens restèrent, au contraire, toujours dans l'enfance. Sur ce point, nous égalons bien les Anglais. La verrerie ordinaire était arriérée chez eux jusqu'à ces dernières années. Elle a fait de grands pas, à cause de la richesse de la clientèle, qui consent à bien payer sa vitrerie, et elle l'a fait par les soins de quelques Français qui ont apporté de ce côté-ci du détroit les procédés usités en France. Ainsi il y a vingt ans on ne faisait pas le verre blanc pour fenêtres autrement qu'en rond, et puis dans ces plaques rondes on découpait les vitres. C'est en 1832 que M. Bontemps, de Choisy, enseigna aux Anglais la fabrication en cylindre. Sorti de France de nouveau après la révolution de 1848, M. Bontemps s'est fixé en Angleterre ; il conduit les travaux chez MM. Chance, à Birmingham, et c'est par ses soins qu'a été fabriqué tout le verre qui entre dans le Palais de Cristal. Ce sont des lames de 49 pouces anglais (1 mètre 23 centimètres) de long sur 10 pouces (25 centimètres) de large. Il y en a 1 million de pieds carrés, soit 93,000 mètres carrés, ou environ 9 hectares et demi. Dans le contrat passé avec les entrepreneurs du Palais de Cristal, c'est estimé à 3 pence le pied carré (3 fr. 35 c. le mètre carré). Pour obtenir cette grande superficie, il a fallu en faire le triple ou le quadruple, ce qui a donné un premier choix qu'on a réservé pour vendre à part aux gens riches auxquels on le fera bien payer, et un dernier choix qui s'écoulera chez les pauvres ; le milieu a servi pour l'édifice.

Pour les cristaux, les Anglais font d'une manière supérieure le blanc ; ils lui donnent un très beau poli. Leurs candélabres en blanc ont un grand éclat. La maison Osler, de Birmingham, de qui est la fontaine de cristal placée dans la grande nef, et la maison Richardson, de Stourbridge, font à l'Exposition une figure splendide. Pour les cristaux colorés, nous avons l'avantage : nos formes sont plus élégantes, nos couleurs plus belles et mieux assorties, nos procédés mécaniques dans la fabrication de ces articles sont au-dessus de ceux des Anglais, et nous permettent de lutter sur les marchés étrangers, même avec la Bohême, quoique celle-ci ait une main-d'œuvre à vil prix ; et puis la Bohême fait du verre, et non pas du cristal ; le cristal, on le sait, se distingue en ce que le plomb en fait partie (à l'état de silicate). La preuve de notre habileté en ce genre est que nous vendons de nos cristaux jusqu'à Hambourg, passez-moi l'expression, à la barbe des Bohêmes, qui sont tout auprès. Malheureusement nos fabricants de Baccarat et de Saint-Louis ont eu la regrettable idée de ne pas paraître à l'Exposition de Londres. Ils ont privé l'industrie française d'un des plus sûrs moyens qu'elle possédait d'attirer les regards, et l'occasion d'agrandir au dehors leur clientèle.

Pour les glaces, nous sommes les premiers, du moment qu'il s'agit d'articles d'une certaine beauté et d'un certain volume. Nos établissements de Saint-Gobain, de Saint-Quirin et de Montluçon sont les maîtres dans cet art si difficile, dès qu'il s'agit de grandes pièces. Saint-Gobain et Saint-Quirin ont des dépôts qui prospèrent à Londres, à New-York, partout. La fabrique de Montluçon, à laquelle le public doit de la reconnaissance pour avoir tenté d'introduire la concurrence sur le marché intérieur, où auparavant régnait le monopole, la fabrique de Montluçon était la seule qui eût exposé, à l'origine, et même, pressée par le temps pour paraître au 1er mai, elle s'était résignée à envoyer, entre autres objets intéressants, une grande glace qui est évidemment défectueuse. Certainement elle eût montré un plus beau chef-d'œuvre, si elle eût cru avoir un délai pour recommencer. Saint-Gobain s'est décidé, en juillet, à exposer, et a présenté les belles glaces qu'il fait depuis longtemps. Pour les pièces d'un moindre échantillon, où l'on ne tient pas à avoir une si belle eau, où il n'est pas nécessaire, parce que l'épaisseur en peut être moindre, pour les glaces qui servent à la devanture des magasins, par exemple, ce sont les Anglais, au contraire, qui l'emportent. C'est un article qu'on vend à très bas prix à Londres, en comparaison de Paris. La maison Chance et quelques autres, de Birmingham, qui ne font pourtant pas de glaces proprement dites, car elles ne coûtent rien, fabriquent des verres du même genre que les vitres, qu'on dégrossit et qu'on polit, et qui servent très convenablement pour les gravures encadrées. Il m'a été dit qu'elles en produisaient 15,000 pieds carrés par semaine.

Je pourrais passer en revue beaucoup d'autres branches de l'industrie, les unes de l'ordre mécanique, les autres de l'ordre chimique ; prendre, par exemple, les acides et les sels, la mouture et tout ce qui s'y rattache, les armes à feu, et presque partout on verrait que, entre la France et l'Angleterre, la supériorité oscille de l'une à l'autre, comme un objet qui serait suspendu dans les airs, et se balancerait. Dans la même industrie l'un des deux peuples surpasse son émule pour une première catégorie d'articles, mais il est dépassé à son tour pour une autre catégorie. Tour à tour l'un est inventeur d'un nouveau procédé, et c'est l'autre qui perfectionne ; puis l'invention passe à celui-ci, le perfectionnement à celui-là ; la mouture en est un curieux exemple. En France, moulin à l'anglaise est synonyme d'un moulin perfectionné, ce qui n'empêche pas que la mouture française ne soit aujourd'hui plus parfaite que l'anglaise. Les meuniers anglais le crient sur tous les tons, et les protectionistes anglais, dans leur complète déroute, essaient de s'en faire une arme, *telum imbelle sine ictu* ; aussi bien ce sont des Français qui ont fourni les plans de l'immense moulin, à cent paires de meules, dit-on, qui s'élève à Londres. Un autre fait du même genre nous est fourni par une industrie que j'ai déjà signalée plus haut, celle de la poterie. Un Anglais a imaginé de faire des boutons de chemises en porcelaine : l'article semble insignifiant, mais il est d'un très grand emploi. L'inventeur a pris un brevet d'invention dans les trois royaumes unis ; mais voici qu'un fabricant français de porcelaine, M. Bapterosse, homme fort ingénieux, a si bien perfectionné le procédé que l'inventeur anglais, renonçant à faire usage de son brevet, se pourvoit chez M. Bapterosse de boutons qu'il revend à ses compatriotes.

Assurément les fabriques de produits chimiques de l'Angleterre sont très avancées ; cependant c'est aux savants et aux industriels français qu'on doit la fabrication du blanc de zinc qu'on substitue à la céruse ou blanc de plomb dans la peinture en bâtiments, au grand avantage de l'humanité ; le contact de la céruse était un poison pour les ouvriers. Nous livrons le plus beau blanc de zinc sur tous les marchés où l'on en réclame. M. Leclaire, de Paris, et M. Lhuillier, de Grenelle, en ont exposé à Londres des échantillons très remarquables. Pour l'horlogerie et les instruments de précision, l'Angleterre est renommée, elle mérite de l'être; la France ne l'est pas moins. L'étranger qui veut une bonne montre hésite entre les deux rivages du détroit. Il prendra plutôt ses instruments ordinaires d'ingénieur chez les Anglais; il les y trouve plus solides, plus portatifs, plus maniables; mais plutôt chez les Français un chronomètre et un théodolite. La règle à calculer, qui est d'un usage si commun, est beaucoup plus répandue en Angleterre qu'en France. Elle est entre les mains de tous les contre-maîtres anglais. Il n'en est pas moins vrai que de tous les modèles, le plus simple et le plus convenable est celui de notre compatriote le colonel Morin. Les Anglais s'entendent admirablement en instruments, en appareils et en dispositions nautiques. Ils arment un vaisseau à Portsmouth dans la moitié ou le tiers du temps qu'il nous faut à Brest ou à Toulon; mais nos modèles passent pour meilleurs que les leurs. Pour la distillation sans frais de l'eau de mer, avec la chaleur perdue de la cuisine, invention précieuse qui dispense d'encombrer les navires d'une provision d'eau douce, le meilleur appareil est celui de M. Rocher, de Nantes, devant lequel défile l'ingrat public dans le Palais de Cristal, sans l'honorer d'un regard. Depuis quelques années, pour abréger la durée des traversées, les Anglais qui, après les Américains cependant, sont de tous les peuples celui qui sait le mieux le prix du temps, cherchent des moyens simples et pratiques, un système de cartes, par exemple, avec lequel un capitaine de navire puisse se tenir toujours sur le grand cercle de la terre qui joint le point de départ au point d'arrivée; car d'un point à l'autre du globe, la plus courte distance est l'arc du grand cercle qui les unit. Parmi ces inventions toutes plus ou moins ingénieuses, la meilleure, la plus correcte, la plus sûre, me paraît être le double planisphère d'un de nos ingénieurs hydrographes, M. Keller.

Je n'en finirais pas si je voulais citer ici tous les faits qui montrent l'avancement des deux peuples, et comment à l'envi ils donnent aux arts utiles, chacun de son côté, une impulsion extraordinaire. Il est pourtant deux découvertes encore qu'il faut que je mentionne, car elles sont bien belles. L'une est celle de l'Anglais Baxter, qui a trouvé le moyen de colorier les gravures par impression; l'on vend de charmantes estampes, des portraits même, qui semblent faits par un pinceau délicat. L'autre est celle du Français Masson, jardinier de la société d'horticulture de Paris, qui conserve des légumes par dessiccation et compression, de manière à faire bénir son nom par le matelot qu'atteignait le scorbut, par le soldat qui porte huit jours de provisions en Afrique. Grâce à M. Masson, ces braves gens pourront désormais avoir chaque jour, au milieu de l'Océan, au centre du désert de Sahara, leur ration de légumes verts. Desséchés par l'air chaud et puis soumis à l'action de la presse hydraulique, les légumes dont se compose, par exemple, le potage à la julienne, perdent les sept huitièmes ou les neuf dixièmes de leur poids, et sont réduits à un très petit volume. Un mètre cube de julienne ainsi préparée fait 20,000 rations. Dès lors l'homme qui en reçoit le volume d'un litre en a pour vingt jours, et cela se conserve des années.

Dans cette lutte où l'on se serre de près, où l'on gagne et où l'on perd tour à tour l'avantage, chacun des deux peuples cependant garde son génie propre. Le génie de la France est le goût. Voilà pourquoi, en présence des soieries façonnées de Lyon, des rubans de choix de Saint-Étienne, des papiers peints de Bixheim (Haut-Rhin) et de Paris, des articles dits de Paris et de vingt autres produits divers, les Anglais s'avouent vaincus de fort bonne grâce. Voilà pourquoi, quand on parcourt les différents quartiers de l'Exposition, on trouve que, hors de la région française, la plupart des objets qui exigent du goût sont écrasés par les nôtres; quelques-uns sont affreux, et le moins qu'on puisse dire de presque tous les autres, c'est qu'ils ont un air provincial. Dans l'orfévrerie, par exemple, que de trésors les Anglais n'ont-ils pas exposés? Ils en ont là pour je ne sais combien de millions. Mais notre orfévrerie peut à peu près toujours appliquer à la leur cette parole de Zeuxis à son rival : *Ne pouvant la faire belle, tu l'as faite riche.* Et nos bronzes d'ameublement, à quelle distance ils laissent tout le reste! Les fabricants de bronzes de Paris remplissent la moitié d'une salle à l'Exposition. Nos meubles de luxe, grâce au goût de nos dessinateurs et de nos ouvriers, laissent tous les autres à une grande distance en arrière. MM. Fourdinois, Barbedienne, Krieger, Ringuet, tous de Paris, ont en ce genre exposé des objets ravissants. Le grand buffet de

M. Fourdinois, qui offre les statues des quatre parties du monde, supportées par quatre chiens de grande taille, est une pièce dont se parerait un musée. L'ébénisterie même des départements s'est distinguée : témoin M. Beaufils, de Bordeaux. Le goût, voilà donc notre caractère distinctif par rapport aux Anglais, par rapport à toutes les autres nations qui figurent à l'Exposition universelle.

Les Anglais brillent par l'emploi général des moyens mécaniques, par la mise en œuvre des métaux, surtout de l'acier et du fer, souvent par le côté pratique, commode, confortable des choses, plus souvent encore par l'habile intervention des grands capitaux qu'ils ont eu le talent d'amasser. On peut dire du Français qu'il fait même l'industrie en artiste; l'Anglais la fait en commerçant qui veut un résultat, qui songe moins à la beauté de son produit qu'à l'inventaire de fin d'année. L'Anglais est commerçant bien plus que nous; il l'est jusqu'au bout des ongles, et c'est à cette circonstance qu'il faut attribuer une bonne part de ses succès manufacturiers. C'est ainsi que l'Anglais consulte attentivement le goût de son client : il donne à ses produits la forme, la couleur, l'aunage qui conviennent aux peuples dont il est ou veut devenir le fournisseur. Le Français consulte beaucoup plus sa propre fantaisie. Le penchant instinctif du Français sera d'améliorer la qualité de ses produits, le bon marché dût-il en être retardé; l'Anglais, comme par un effet de son tempérament, visera, au contraire, sans cesse à produire à plus bas prix, la qualité dût-elle en souffrir. De là, par exemple, ces tissus de coton d'un bon marché incroyable que l'Angleterre fait pour l'exportation. En gros cela se vend tout imprimé quatre sous le mètre; mais à l'usage cela ne vaut pas même le peu d'argent que cela coûte.

Ces caractères ne sont rien moins qu'absolus; ils ne sont que relatifs, et ils souffrent beaucoup d'exceptions. Il serait d'une souveraine injustice de dire que les Anglais se montrent toujours dépourvus de goût. J'ai trouvé un goût distingué dans les services de porcelaine et de poterie fine de Minton, dans les cristaux d'Osler et de Richardson, dans quelques-uns des tissus de soie des fabriques britanniques, notamment dans les crêpes de Chine, qu'à Londres on réussit très bien aujourd'hui. Il y a du goût dans plusieurs des toiles peintes de MM. Schwabe, de Manchester; il y en a beaucoup dans le quartier de l'Exposition qu'on nomme *Medieval court* (cour du Moyen Age), où un artiste habile, M. Pugin, a réuni une multitude d'ornements du style gothique destinés aux édifices religieux. Ce serait donc une grande imprudence, une présomption qui ne tarderait pas à nous être fatale, que de nous croire le monopole du goût; c'est un privilége que nous n'avions pas il y a deux cents ans, que nous avons acquis depuis, que nous pouvons perdre si nous nous négligeons, et que d'autres peuvent conquérir par leurs efforts.

Le goût qu'on remarque dans une partie de l'industrie anglaise, on dira peut-être qu'il est d'emprunt, que c'est une émanation française, que les articles élégants de l'orfévrerie anglaise sont de M. Morel, qui est Français, et que la révolution de février a exilé à Londres; que M. Minton a deux modeleurs Français qui se sont expatriés en 1848, M. Janet et M. Carrier, et pour directeur de ses ateliers un autre Français, M. Arnoux, autre victime de la révolution de 1848; jusque-là celui-ci était chez lui, dirigeant ses propres ateliers à Valentine (Haute-Garonne); que MM. Schwabe sont Allemands d'origine, et que leurs dessinateurs sont Français, des Français résidant même à Mulhouse et à Paris; que M. Pugin lui-même est un fils de Français, et de plus élève des maîtres français. Tout cela est vrai; mais est-il moins vrai que nous-mêmes nous ayons reçu notre goût des autres? Nous en sommes redevables à d'autres et principalement aux Italiens. Nous étions d'un goût fort grossier il y a peu de siècles. Nos princes attirèrent des Italiens, des Flamands, et fondèrent des écoles. Nous avons cultivé nos dispositions, quelque peu apparentes qu'elles fussent, et, de latentes qu'elles étaient, elles se sont mises à briller. Les Anglais font ce que nous avons fait nous-mêmes. Nos artistes et nos hommes de goût vont chez eux, ceux-ci chassés par le vent terrible des révolutions, ceux-là séduits par les chances de profit qu'offre un pays si riche. Les écoles de dessin se multiplient de l'autre côté du détroit. Les plus magnifiques objets d'art, les statues de tous les siècles, les tableaux de toutes les écoles vont peupler les galeries des grands seigneurs anglais. Vous verrez dans peu d'années. Et pourquoi donc les descendants de Canut et de Front-de-Bœuf seraient-ils plus incapables de devenir des gens de goût que les fils de Brennus ou de Clovis?

Il ne me serait pas plus difficile de démontrer que nous ne sommes pas dépourvus des aptitudes par lesquelles se recommande le plus l'industrie britannique, et que nous devons les cultiver pour qu'elles grandissent. Nous sommes déjà des mécaniciens habiles, devenons-le davantage; appliquons la mécanique plus généralement, introduisons-la dans l'agriculture où les Anglais lui font faire des merveilles. Nous ne sommes pas des métallurgistes médiocres, approprions-nous de mieux en mieux cette branche des arts, et pour cela ouvrons les ports aux métaux bruts de l'étranger qui sont à bon marché. Nous ne sommes pas sans avoir quelques lueurs du génie commercial, et des efforts soutenus feront de nous les émules des commerçants de Londres, de Liverpool, de Hambourg, de Rotterdam, et nos manufactures et notre agriculture s'en ressentiront bientôt. Rien sans peine ici-bas; mais en se donnant de la peine on parvient à tout. N'oublions pas que si l'un des aspects de la civilisation est de répartir, en le diversifiant, le travail entre les hommes et entre les peuples, c'est le propre aussi de la civilisation de multiplier au sein de chaque peuple les vocations spéciales et d'y développer tous les genres de talent.

Je ne voudrais pas donner à croire cependant que je considère la France et l'Angleterre comme concentrant en elles toutes les grandeurs de l'industrie européenne. D'autres peuples qu'elles brillent à l'Exposition du plus vif éclat. La Belgique, la Saxe, la Suisse sont extrêmement avancées dans les arts utiles; elles suivent de très près l'Angleterre et la France. La Prusse est dans l'industrie, comme dans les lettres, les sciences et les beaux arts, une puissance du premier ordre. L'Exposition prussienne offre, dans plus d'un genre, la preuve d'un goût très avancé, et les plus belles pièces d'acier qu'il y ait à l'Exposition, sortent des ateliers d'un Prussien, M. Krupp, dont un membre spirituel de l'Assemblée nationale, M. Hovyn-Tranchère, citait dernièrement les magnifiques cuirasses qu'on interdit à nos braves soldats, en vertu du système de politique commerciale qui nous régit. L'Europe est une par l'industrie, comme elle l'est par les opinions et par les sentiments. Les nations auxquelles on donne le nom de grandes puissances, et qui portent ce titre de l'aveu universel, l'ont bien moins à cause du nombre de leurs baïonnettes qu'à cause de leurs lumières, de la solidité et de l'éclat de leur esprit. Or, qu'est-ce que l'industrie, sinon une manifestation de l'esprit humain, la domination exercée par l'esprit sur la nature?

VIII.

Conclusion.

Non, ce siècle-ci n'est pas voué servilement au culte de la matière. On accuse la civilisation de l'Europe d'être tombée dans le bourbier du matérialisme, et de s'y enfoncer chaque jour davantage. C'est d'une injustice extrême. Certes, il y a de notre temps des individus corrompus et cupides. Hélas! tous les vices sont de tous les temps. Il a été dans les desseins de la divine Providence, tout nous l'enseigne, que les hommes fussent avertis sans cesse de la fragilité de leur nature par des exemples toujours affligeants, quelquefois hideux ou épouvantables. Si, à de certains moments, le matérialisme a semblé s'étendre sur le corps social comme une lèpre furieuse dans ses envahissements, ces instants ont été courts, et ils offraient aussi le spectacle éclatant du dévouement et de la vertu. S'il y avait du dérèglement, chez nous, sous le Directoire, est-ce à dire qu'alors le désintéressement et l'héroïsme ne fussent pas dans nos armées, que notre magistrature ne fût pas pure, que les populations désespérassent de la liberté? Parce que le peuple hébreu adora le veau d'or pendant les quelques jours que Moïse passa au mont Sinaï, a-t-on jamais dit que l'idolâtrie fût son culte après sa sortie d'Égypte?

Non, le siècle n'est pas marqué du matérialisme comme du sceau de la Bête. Pris dans son ensemble et observé dans ses caractères les plus généraux et les plus saillants, il est plus spiritualiste qu'aucun des siècles qui l'ont précédé. J'en trouve la preuve écrite en caractères ineffaçables sur la plupart des pages de l'histoire contemporaine. Et quels sont donc les biens à la poursuite desquels la civilisation s'est précipitée depuis soixante ans? Quelle est donc la devise qu'elle a écrite sur ses drapeaux? Quels sont-ils les mots qui ont la puissance d'électriser les âmes? Serait-ce donc le paradis de Mahomet, la mollesse de Sybaris ou la luxure des Héliogabale qu'ont promis aux hommes les esprits généreux à la suite desquels le genre humain s'est mis en marche? De bonne foi est-il permis de soutenir que c'est pour satisfaire des appétits grossiers que la France a, depuis 1789, versé des torrents de son sang et prodigué ses trésors, et que partout en Europe les populations, depuis soixante ans, adressent au ciel des vœux ardents et multiplient les efforts avec une persévérance que rien ne lasse? J'ai beau écouter l'imposante clameur qui sort du sein des nations; constamment les paroles qui dominent tout le reste, et auxquelles des myriades de myriades de voix servent d'écho, sont des appels à la liberté, des revendications de la justice sous le nom d'égalité. Et qu'importe qu'au milieu de ce chœur majestueux quelques individus bourdonnent des espérances sensuelles? C'est pour la justice et la liberté que l'Europe s'agite, que le monde est en travail. Que l'accouchement soit laborieux, je ne le conteste pas; eh! tout enfantement est pénible, et la douleur en est l'accompagnement nécessaire. Mais la justice et la liberté, ces souverains biens qui excitent plus que jamais les transports des hommes, ces sources de joie et de grandeur où la civilisation a voulu aller se désaltérer, au prix de mille maux et des plus durs sacrifices, et qu'elle est enfin près d'atteindre, je demande si c'est de la substance matérielle. Je prie qu'on m'en dise la pesanteur spécifique, la couleur et la saveur, et je somme les ultra-chrétiens, qui, s'érigeant en tribunal sans appel, prononcent contre le siècle ces jugements si dépourvus de charité, de nous faire savoir si ce n'est pas au contraire le fond du christianisme, le commencement et la fin de cette religion auguste.

Non, le siècle n'est pas matérialiste, en dépit de ce que quelques-uns de ses enfants le sont. J'en vois la démonstration éclatante dans le fait même de cette Exposition universelle, qui est pourtant consacrée à la gloire des arts par lesquels l'homme agit sur la matière et l'approprie à ses besoins. L'Exposition universelle n'est rien de moins que le rapprochement de tous les peuples de la terre sur un terrain où les haines nationales peuvent s'effacer, sans que le génie propre à chacun en soit énervé. Laissez-moi reproduire ici, en l'abrégeant un peu, le discours par lequel cette solennité fut caractérisée, quand elle n'était encore qu'un projet, par un homme qui a bien le droit d'en parler, car c'est lui qui en avait pris la ferme initiative.

« C'est une grande satisfaction pour moi, dit le prince Albert au banquet qui lui avait été donné, en l'honneur de l'entreprise, par la Société des Arts, c'est une grande satisfaction pour moi qu'une idée que j'avais suggérée, parce qu'elle me semblait convenir à notre temps, ait obtenu une adhésion générale et le concours de tous les efforts; car c'est la preuve que le sentiment que j'ai du caractère particulier et des nécessités du siècle est sanctionné par la conscience du pays... Quiconque a observé les traits distinctifs de notre époque ne peut mettre en doute que nous soyons au milieu d'une transition merveilleuse qui nous mène rapidement à la grande destination vers laquelle tous les événements de l'histoire ont acheminé nos pères et nous, l'unité de la race humaine; non pas une unité où toutes les barrières soient abaissées, où toutes les nuances soient confondues dans l'uniformité d'une teinte monotone, mais bien une unité qui soit l'harmonie de toutes les dissemblances, l'accord de tous les attributs en apparence opposés.

« Les distances qui séparaient les peuples et les contrées de la terre s'évanouissent chaque jour devant la puissance de l'esprit d'invention. Les idiomes de toutes les nations sont connus et analysés, et il est facile à tout le monde d'en acquérir la possession. La pensée se communique d'un lieu à un autre avec la rapidité de l'éclair, et au moyen de la force qui se manifeste par l'éclair même.

« Le grand principe de la division du travail, que je ne crains pas d'appeler la force motrice de la civilisation, s'étend à toutes les branches de la science, de l'industrie et de l'art. Jadis les esprits très bien doués pouvaient viser à l'universalité des connaissances; aujourd'hui c'est un champ qui se sous-divise sans cesse, et où chacun concentre son activité sur un espace limité, en consacrant sa vie à l'étude ou à la pratique d'une spécialité de plus en plus définie. Mais ce domaine de plus en plus vaste, tout en se sous-divisant sans cesse pour la commodité et le succès de la culture, devient de plus en plus, dans les fruits qu'il donne, le patrimoine commun de tous les hommes. Autrefois les découvertes de la science et des arts s'enveloppaient d'un profond mystère; aujourd'hui, à peine une idée ou une invention est-elle au pouvoir d'un homme, que déjà on la perfectionne ou on la surpasse à côté de lui ou au loin, et les produits de tous les quartiers du globe terrestre viennent se placer sous la main de l'homme civilisé.

« L'homme ainsi remplit de plus en plus la mission sacrée pour laquelle Dieu le plaça sur la terre, et que je rappelais tout à l'heure. Son âme étant à l'image de Dieu, il lui est donné, par les facultés de son esprit, de découvrir les lois auxquelles Dieu a soumis la création, et, en s'appropriant ces lois, de ployer la nature à son usage à lui, instrument de la sagesse divine. Après que, par la science, il est parvenu à connaître les lois qui président à l'équilibre, au mouvement et à la transformation de tout ce qui est, par l'industrie, il applique ces lois aux substances que la terre nous rend, et qui ne deviennent utiles qu'en raison de ce que notre intelligence s'y infuse, et puis, par l'art, il a les règles du beau et de l'harmonie, et il en imprime le cachet à ses productions.

« L'Exposition de 1851 nous offrira la mesure exacte et l'indication vivante du point où l'humanité est arrivée dans l'accomplissement de cette grande tâche que lui a assignée ici-bas le Créateur, et elle marquera le point de départ des efforts qui resteront à faire au genre humain pour achever l'œuvre. J'ai la confiance que le premier sentiment que cette vaste collection inspirera au spectateur sera celui d'une profonde reconnaissance envers le Tout-Puissant pour les biens qu'il a déjà répandus sur nous, et que le second sera la conviction que nous ne jouirons du patrimoine qu'il nous a donné qu'en proportion de l'assistance que nous nous prêterons les uns aux autres sous les auspices de la paix et d'une charité active et efficace, non-seulement d'individu à individu, mais de nation à nation. »

Le sentiment qui est noblement exprimé dans le discours du prince Albert s'est reproduit dans vingt autres discours auxquels l'Exposition universelle a donné lieu. Il s'est retrouvé notamment, avec beaucoup de distinction, dans le discours que prononça lord Ashburton, le 20 mai 1851, lors du banquet solennel offert par la commission royale de l'Exposition aux commissaires étrangers à Richmond, fête à laquelle il présidait. Ce sentiment est ainsi toujours revenu sur les lèvres des orateurs anglais, parce qu'il est dans le cœur de la nation anglaise, parce que nous le portons nous-mêmes en nous, et que toute l'Europe l'a comme nous dans les entrailles. Ce n'est point un fruit éphémère de la mode, non plus qu'une phraséologie inventée pour le besoin de la circonstance. C'est une pensée dont le germe est vieux comme la religion chrétienne, car celle-ci a toujours enseigné que tous les hommes sont frères étant enfants d'un même Dieu; mais le germe est devenu un arbre magnifique dont les fruits sont de nos jours arrivés à maturité. Le sentiment de l'unité de la race humaine, sur lequel ont insisté le prince Albert et lord Ashburton, est le même qu'on a tant de fois exalté sous le nom de la fraternité des nations. C'est ce que Béranger a chanté sous le nom de *la Sainte-Alliance des peuples*. Comme nous sommes assez loin des événements si tristes pour nous de 1815 pour qu'il soit possible à un Français d'être juste envers tous ceux qui y prirent part sans exciter autour de soi une douloureuse surprise, j'ajoute que c'est ce que poursuivait, sous une forme propre à son esprit et à sa position, l'empereur Alexandre, alors qu'il organisait avec ardeur une sainte-alliance des gouvernements. Quelques années plus haut dans notre histoire, ce même sentiment donnait naissance à la scène où Anacharsis Clootz, *l'orateur du genre humain*, vint pompeusement haranguer la Convention à la tête d'un groupe de personnages de toute provenance. Mais l'Exposition de Londres se distingue avantageusement de toutes les manifestations qu'avait eues jusqu'ici cette pensée si féconde et si grande. La cérémonie où Clootz célébra d'un ton déclamatoire la fraternité des nations ressemblait à une insulte au bon sens parce que l'on était en guerre avec toute l'Europe. Après 1815, la sainte-alliance des gouvernements devint presque aussitôt une ligue contre les idées libérales et la sainte-alliance des peuples, préconisée par le Tyrtée qui consolait la France de ses revers, tendait à organiser une campagne des populations contre les souverains. L'Exposition est venue à son point et à son heure. Tout était mûr enfin pour que l'accord des hommes civilisés du monde entier se révélât avec éclat.

Trente-cinq ans d'une paix féconde avaient effacé des souvenirs cruels, et on avait trouvé enfin un terrain neutre où les anciennes querelles qui divisaient les peuples ne pouvaient trouver place : celui du travail, où se déploie la domination de la nature par l'esprit humain, pour le bien-être commun, l'indépendance et la dignité communes.

Ici qu'on me permette une observation sur le caractère de notre politique générale. Nous sommes fiers d'être Français, et le monde, dans ses jours d'équité, éprouve pour notre patrie une admiration mêlée de reconnaissance, parce que la France avait contracté l'habitude de prendre fait et cause pour les grands principes de la civilisation. Elle a considéré et traité les affaires du genre humain comme les siennes propres. Elle a été le cœur du monde, et ses battements se font sentir d'un pôle à l'autre ; les événements de 1848 l'attestent hautement. Elle a prodigué la vie et le patrimoine de ses enfants pour l'honneur de ses idées. Elle a pu quelquefois violer l'équité ou s'abandonner aux inspirations d'une politique arrogante ; il lui est même arrivé d'outrager la bonne foi. Et que ne donnerions-nous pas aujourd'hui pour déchirer de nos annales la conduite superbe de Louis XIV envers la Hollande, ou les scènes de Bayonne entre Napoléon et les princes espagnols ? Mais même dans ses emportements et ses écarts, la politique extérieure de la France a presque constamment témoigné un grand respect pour l'humanité. Cette politique s'est distinguée en ce qu'elle a été sympathique. On l'a raillée quelquefois en la qualifiant de sentimentale et d'humanitaire ; mais je ne crois pas que la politique puisse être grande si elle n'a pas de concordance avec les intérêts généraux de l'humanité, et je ne sache pas que les peuples et les individus aient jamais rien fait qui fût beau et durable, à moins qu'ils n'eussent en eux un sentiment bon et élevé qui les animât et les soutînt. Or voici que l'Angleterre prend depuis quelque temps une part fort ample dans cette noble initiative qui semblait nous appartenir, et que l'assentiment du genre humain connaissait comme un attribut qui nous fût propre.

L'élément qu'une philosophie égoïste et impuissante appelle d'un nom qu'au surplus j'accepte, celui d'*humanitaire*, s'est fait dans la politique britannique une place qu'on n'était pas accoutumé à y voir. Autrefois l'Angleterre, comme pour justifier le mot du poëte classique, *se tenait, dans ses plans, à part du genre humain*. Elle avait une politique insulaire. C'est bien changé depuis quelque temps. Voyez ce qu'elle a fait depuis une vingtaine d'années. Elle a voulu l'affranchissement des noirs, et elle l'a accompli avec cette résolution calme qui est la gloire du caractère anglais et qui donne à la politique anglaise tant de consistance. Elle a indemnisé grandement, au prix de 500 millions, les propriétaires d'esclaves ; l'émancipation est consommée sans retour dans ses colonies, et c'est une cause gagnée maintenant sur la terre. Prenant ensuite en main la cause de l'humanité en faveur des noirs de l'Afrique, elle a reconnu et accepté le droit de visite, contre lequel un patriotisme de contrebande s'est tant déchaîné chez nous, droit qui n'était blessant pour aucune des deux nations, parce qu'il était parfaitement réciproque. Un peu plus tard, quand l'Angleterre conclut un traité de paix avec la Chine, elle y stipula que le Céleste-Empire renoncerait à l'isolement dont il s'était entouré, et elle le stipula non pas pour elle seule, mais pour tout le monde sans distinction. Si à la même époque le gouvernement français, placé dans les mêmes circonstances, eût procédé ainsi et se fût abstenu de réserver des avantages particuliers au commerce national, il eût soulevé contre lui des plaintes violentes. On lui eût dit dans la presse et on lui eût répété à la tribune nationale qu'il était vendu à l'étranger, et, toute misérable qu'elle eût été, l'accusation prétendue patriotique aurait trouvé crédit près d'une grande partie du public.

L'Exposition universelle de Londres, ou, pour mieux dire, le système commercial auquel celle-ci se rattache, a les mêmes tendances plus fortement dessinées. Contrairement à l'esprit de la civilisation chrétienne, l'ancien système commercial qui était en honneur parmi les Anglais comme dans le reste de l'Europe, était fondé sur des sentiments d'hostilité de nation à nation. Il était admis en principe qu'en matière commerciale *le profit de l'un fait le dommage de l'autre*, comme le disait Montaigne : notion matériellement fausse, car lorsque deux parties, contractant librement, échangent leurs marchandises, il faut bien croire que chacune y trouve son avantage, et en effet chacun y trouve le moyen de mieux satisfaire ses besoins. Quand deux peuples font librement l'échange de leurs productions, ils s'enrichissent tous les deux ; car celui-là s'enrichit qui acquiert le moyen de satisfaire mieux ou moins mal ses besoins. Et par quelle combinaison ce qui est réputé une transaction favorable aux deux parties, quand tout se passe à l'intérieur d'un État entre deux individus sujets d'une même patrie, cesserait-il d'avoir ce caractère quand ils n'ont pas la même nationalité ? Le vieux système commercial que l'Angleterre a abjuré en 1846 suggère à chaque nation cette prétention singulière qu'elle se suffise à elle-même de tout ce qu'il lui faut, mais qu'elle fournisse à l'étranger beaucoup de marchandises, comme si ces termes n'étaient pas contradictoires. C'est tout bonnement un non-sens, une impossibilité, une hallucination ; car si le système est en vigueur en France, si nous le proclamons excellent, n'est-ce pas recommander au voisin de l'appliquer aussi ? Quand j'exclus les marchandises d'autrui en me vantant d'avoir trouvé ainsi le moyen de m'enrichir, est-ce que je ne l'induis pas à exclure les miennes ? Bien plus, je ne puis lui vendre les miennes sans acheter les siennes. Comment veut-on, en effet, qu'un peuple ou un individu qui a acheté d'un autre s'acquitte autrement qu'avec ses produits ou avec ceux qu'il a reçus d'un tiers en échange des siens ? La règle est absolue. L'or et l'argent eux-mêmes, quand ils interviennent de fait et non pas seulement nominalement dans les transactions, n'y font pas d'infraction, car ces deux métaux, qu'ils soient monnayés ou en lingots, sont des marchandises comme le plomb, le cuivre, le fer, comme tous les autres produits de l'industrie, et chaque peuple n'en a besoin que dans une certaine proportion par rapport aux autres marchandises.

Les négociateurs cependant rusaient à qui mieux mieux dans les traités que l'on passait, afin de vendre sans acheter. On était nécessairement déjoué par la force des choses, et c'était fort heureux, car, pour réussir dans ce programme étrange, il eût fallu que ceux auxquels on avait vendu fissent banqueroute. Je défie qu'on indique un autre moyen de parvenir à vendre sans acheter. Et pourtant je pourrais citer des documents administratifs ou parlementaires de la plus fraîche date, où l'on se targue, en France, d'avoir résolu ce beau problème de vendre à l'étranger en esquivant adroitement de lui acheter, et cette balourdise trouve des admirateurs.

Le gouvernement anglais, par l'organe de sir Robert Peel, a répudié en 1846 cette politique de haine et d'isolement qui se prétendait astucieuse et n'était que niaise. Il a reconnu que celui qui achète n'est pas la victime, ou, comme on dit dans la langue protectioniste, le *tributaire* de celui qui vend, pas plus quand l'opération se fait entre un Anglais et un Français, que quand les deux acteurs sont de la même nation. Il a compris et proclamé que l'intérêt de tous les peuples comme de tous les individus était de s'entendre et de se concerter pour la satisfaction de leurs besoins communs, chacun fournissant librement tout ce qu'il fait de mieux, en se stimulant tous par la mutuelle concurrence. Pensée éminemment favorable au grand nombre, par plusieurs raisons : elle suppose la paix du monde, et c'est le grand nombre sur qui retombe le plus lourd fardeau de la guerre. Par cela même qu'elle suppose la paix, elle prépare et doit déterminer la suppression des priviléges exclusifs dont certaines classes ont été investies autrefois en vue des nécessités de la guerre. La guerre était jadis l'hypothèse dominante dans la politique de tous les gouvernements. Les droits nouveaux que le progrès de la civilisation a suscités veulent la paix. L'Angleterre, par la politique commerciale qu'elle a arborée, a superposé l'hypothèse de la paix à celle de la guerre. Un peuple qui, non content d'adopter pour la première de ses industries celle du coton, dont la matière première est tirée de régions situées bien au delà des mers, qui compte sur le blé étranger pour son alimentation, s'érige par cela même en défenseur de la paix ; il s'oblige à vouloir le concert des peuples. Il devient nécessairement partisan de la fraternité des races et des nations. Il lie étroitement sa cause au maintien des principes chrétiens. Je le demande, est-ce là du matérialisme ? Un siècle ou une nation, dont on peut dire sans blesser personne qu'il n'en est aucune qui la surpasse en puissance, donne de pareils exemples, et où, bon gré, mal gré, tous les autres peuples s'apprêtent à y conformer leurs lois, vit-il donc dans les bas-fonds d'un matérialisme sordide ?

Dans la politique intérieure des États, la pensée dont le développement a amené l'Exposition universelle a introduit un progrès non moins bienfaisant, et dont la moralité n'est pas moins éclatante. Sous le régime féodal, les nations

CONCLUSION.

étaient partagées en petits groupes qui se fortifiaient les uns contre les autres. Les seigneurs se gardaient dans leurs nids de vautours avec leurs hommes d'armes. Les communes, berceau du tiers état, s'entouraient de murailles et de tours. Les corporations d'arts et métiers avaient autour d'elles, comme une barrière protectrice, leur monopole que la loi reconnaissait, et elles en soutenaient la prérogative à grands frais pardevant les parlements. Temps tristement bizarres, tissus de contradictions, qui seraient inexplicables si l'on n'y voyait une transition nécessaire entre le régime fondé sur l'asservissement absolu du grand nombre et l'ère de la liberté qui a lui enfin depuis soixante ans. Trouvant autour de lui le monde partagé en petites souverainetés brutales, en mille priviléges exclusifs, en juridictions jalouses, le génie de la liberté fut forcé alors de se placer lui-même sous les auspices du privilége et du monopole, et le tiers état s'organisa en conséquence. De là une multitude d'abus et d'inégalités qui de nos jours ne pourraient se justifier, dont le courant de la civilisation a emporté déjà la majeure partie et a ébranlé tout le reste. Tout cela fut condamné et virtuellement aboli le jour où fut inauguré le principe éminemment salutaire du droit commun, principe de la plus haute moralité, car c'est l'équité même. L'idée du droit commun est devenue le fondement du droit public des États civilisés à l'intérieur. Personne ne saurait s'y soustraire. Tout ce qui y est contraire est destiné à périr prochainement, et c'est pour cela que le régime protectioniste ne saurait avoir longtemps à vivre chez les peuples civilisés. Il a beau affecter une attitude menaçante, ses airs mauvais sont dignes de pitié plus que de courroux.

Le droit commun ne peut s'accommoder en effet des priviléges qui se déploient sous le drapeau de la protection. Une fois le principe du droit commun passé dans les mœurs, il était inévitable qu'on se demandât s'il était légitime que l'État intervînt entre certaines catégories de producteurs et le public consommateur, afin d'obliger celui-ci à payer aux premiers leurs marchandises plus qu'elles ne valent sur le marché général. La question, en effet, fut soulevée dès l'époque où le principe du droit commun ou de l'égalité devant la loi, c'est la même chose, fut proclamé. Les hommes de 1789, qui proclamaient le droit commun, étaient fortement prononcés contre le régime protecteur et en faveur de la liberté du commerce. Que de belles lignes Turgot, qui avait été leur ami et leur maître, n'a-t-il pas écrites pour revendiquer la liberté commerciale contre les intérêts privés, qui prétendaient personnifier en eux le travail national ! Les démarches des intéressés, les préjugés nationaux exaltés par les guerres acharnées de la Révolution française, avaient pour un temps fait pencher la balance du côté des protectionistes ; mais en 1838 la discussion fut reprise avec vigueur en Angleterre, elle le fut sous une forme qui justifie bien l'adage : « Question bien posée est plus qu'à demi résolue. » Est-il juste, s'écrièrent des hommes généreux, que le public paye des redevances à d'autres qu'à l'État, à d'autres qui, aux yeux de la loi, ne sont et ne font rien de plus que le reste de leurs concitoyens ? Une assistance momentanée à des hommes nécessiteux, un subside temporaire à des hommes qui essaient leurs forces, c'est de convenance sociale ; mais un impôt permanent, mais un tribut indéfini à des hommes qui, dérision amère, prétendent qu'ils nous dispensent de payer un tribut à l'étranger, c'est incompatible avec la civilisation moderne ; il faut que cela disparaisse et aille se ranger dans la poussière des tombeaux avec les autres institutions du passé, qui purent être jadis indispensables, mais qui, de nos jours, heurtent l'équité et le bon sens.

Il n'y a pas de sophisme ni de paradoxe qui puisse renverser cet argument. C'est une gloire pour l'Angleterre, c'est une preuve de la raison de cette nation, de la force qu'a acquise parmi elle le sentiment de l'équité, qu'elle ait été la première au sein de laquelle, devant cette réclamation, qui fut soutenue avec beaucoup de vigueur et avec beaucoup de talent, il faut le dire, toutes les résistances, toutes les coalitions d'intérêts privés, toutes les intrigues des partis soient venues se briser. L'intérêt aristocratique lui-même, tout puissant qu'il était, a dû s'incliner et se soumettre. Ce triomphe du principe du droit commun s'est réalisé avec un accompagnement de circonstances qui montrent quels pas a faits l'opinion publique, combien elle s'est dégagée des préjugés haineux dont se nourrissait trop souvent autrefois le patriotisme. Étranger était synonyme d'ennemi. On haïssait les peuples voisins, non-seulement dans leurs armées, dans leurs personnes, mais même dans leurs produits industriels. Dans l'échauffement de leurs passions réelles ou jouées, les hommes politiques qui couraient après la popularité embrassaient dans leurs malédictions tout ce que l'étranger pouvait fabriquer ou pouvait retirer de son sol. L'idée qu'un étranger recueillît un bénéfice, en traitant avec les nationaux, les faisait bondir. Peu importait que les nationaux y eussent aussi leur profit : l'étranger y trouvait son compte; donc c'était un maléfice. Dans les échanges avec l'étranger, on se préoccupait d'abord des avantages que celui-ci pouvait y rencontrer, pour les détruire; ensuite et secondairement, de l'intérêt national, et, de cette manière, on sacrifiait aveuglément celui-ci. Les Anglais, quand ils se sont retournés vers la liberté du commerce, se sont mis au-dessus de ce travers funeste. Leurs hommes d'État n'ont pas cherché à mesurer ce que l'étranger gagnerait à ce que l'Angleterre lui achetât ses produits. Ils n'ont pas voulu y regarder; ils ont vu que chez eux le consommateur, c'est-à-dire la masse de la population, aurait à s'en applaudir, et dès lors leur parti a été pris. Ils ont donc proclamé le principe de la liberté du commerce, et ils se sont mis à l'appliquer, sans exiger la réciprocité de personne. Avant 1846, quand le système protecteur était accrédité dans les conseils de leur gouvernement, ils avaient entamé les négociations, où ils offraient d'adoucir les conditions de l'admission de quelques-unes des productions de l'étranger, pourvu qu'on fût moins exclusif envers les leurs. Cette fois, rien de pareil. On n'a pas négocié. On a laissé à l'étranger son libre arbitre. S'il ne veut pas jouir des bienfaits de la liberté, qu'il commette cette faute, se sont-ils dit, qu'il continue à repousser les marchandises du dehors, que de cette manière il s'appauvrisse et diminue le bien-être des populations dans son sein, si tel est son bon plaisir; respectons sa liberté même dans ses aberrations qui ne nuisent qu'à lui-même; mais ne subordonnons pas notre sagesse à celle du voisin.

L'Angleterre a récolté ce qu'elle avait semé. Elle a traversé la dernière période des révolutions sans en recevoir aucune atteinte. Le continent a été ébranlé jusque dans ses fondements; l'Angleterre n'a pas eu la moindre secousse. Elle offre aux nations un modèle à suivre, et, confiante dans leur bon sens, qui ne peut manquer de s'éclairer au spectacle de sa propre prospérité, elle ne daigne pas s'apercevoir que des rhéteurs, semblables au serpent de la fable qui s'épuise à mordre la lime, usent leur éloquence en vains efforts pour travestir cette majestueuse réforme aux yeux de leurs concitoyens.

Par le caractère et les allures qu'elle a donnés à sa politique intérieure et extérieure depuis un certain nombre d'années, l'Angleterre s'est placée haut dans l'esprit des amis de l'humanité, des partisans des grands principes. Elle ne rédige pas des préambules de Constitution où elle se vante de servir d'exemple aux autres nations; elle fait mieux : elle prend ce rôle de coryphée qu'elle trouve vacant, et elle nous laisse en arrière avec nos vanteries. Je gémis amèrement de ce que ma patrie est ainsi rejetée au second rang; mais j'espère bien que, rendue à son bon sens, elle ne tardera pas à éconduire les flatteurs qui l'abusent, et se mettra rapidement au niveau de son antique émule. Par les idées et les sentiments généreux, la France est fort avancée; il ne lui sera pas difficile, pourvu qu'elle le veuille, de rattraper qui que ce soit, car c'est l'avancement des sentiments et des idées, c'est-à-dire le progrès moral, qui détermine le progrès en tout genre; et dans la pratique des arts industriels, elle a prouvé, à l'Exposition universelle, qu'elle ne craignait la comparaison avec personne.

FIN DE L'APERÇU PHILOSOPHIQUE.

Librairie Scientifique-Industrielle de L. Mathias (Augustin).
QUAI MALAQUAIS, 15.

L'EXPOSITION UNIVERSELLE DE LONDRES

CONSIDÉRÉE SOUS LES RAPPORTS

PHILOSOPHIQUE, TECHNIQUE, COMMERCIAL ET ADMINISTRATIF

AU POINT DE VUE FRANÇAIS.

1 volume grand in-8°, à deux colonnes, édition compacte contenant la matière de plusieurs volumes in-8° ordinaire; prix : 10 fr. pour les personnes qui se feront inscrire jusqu'à la fin de février 1852.

Les quatre parties suivantes seront livrées, à mesure de leur publication, aux anciens et aux nouveaux souscripteurs suivant les conditions acceptées par chacun.

1° Aperçu philosophique, par M. Michel Chevalier.

2° Examen descriptif et appréciatif des produits de la France comparés aux produits similaires des nations étrangères, par M. E. Lorentz.

3° Marche commerciale; impulsion à donner à l'écoulement des produits de la France, par M. Em. Bères.

4° Nouvelle édition, revue, corrigée et considérablement augmentée du Catalogue raisonné des produits français, auquel on a ajouté divers systèmes de classification, pour faciliter les recherches; de plus, les récompenses décernées par le jury international.

Ces quatre parties pourront être vendues séparément; mais le prix n'en sera fixé, pour chacune, qu'au moment de la mise en vente, et il devra être relativement supérieur au prix réduit de la souscription complète.

Autres parties qui paraîtront ultérieurement.

Histoire graphique des Expositions périodiques faites en France, tant artistiques qu'industrielles, par M. Gourlier, architecte, membre du conseil des bâtiments civils, auteur du *Choix d'Édifices publics*, etc.

Cette partie sera accompagnée d'un atlas de 30 à 40 planches, contenant les plans et élévations des divers bâtiments affectés aux différentes expositions.

Situation comparée des forces industrielles et commerciales des diverses nations qui ont figuré à l'Exposition de Londres, par Armand Pérémé, secrétaire adjoint de la commission centrale, chef du service administratif du commissariat français.

Extrait des principales publications, faits divers, bibliographie de tout ce qui a été publié sur l'Exposition universelle.

On peut se faire inscrire d'avance pour une ou l'autre des trois nouvelles parties pour lesquelles l'éditeur ne prend en ce moment aucun engagement autre que celui de les fournir au plus bas prix possible aux personnes qui auront souscrit pour l'ouvrage entier. Il est bien entendu qu'une fois les volumes publiés ils devront être vendus au prix relativement plus élevé qui sera fixé ultérieurement.

OUVRAGES NOUVELLEMENT PUBLIÉS.

Examen historique et critique des verres, vitraux, cristaux, composant la classe XXIV de l'Exposition universelle de 1851, par G. Bontemps, fabricant de verres, chevalier de la légion d'honneur. 1851, 1 vol. grand in-8, br. Prix : 2 fr. 50 c.

Notes sur les produits espagnols envoyés à l'Exposition de Londres, suivies de quelques considérations sur l'état présent et l'avenir de l'industrie espagnole, et d'un exposé méthodique des mêmes produits, par M. Ramon de la Sagra, commissaire espagnol, membre du Jury mixte.

Album des chemins de fer, résumé graphique du Cours professé par M. Auguste Perdonnet à l'École centrale des Arts et Manufactures, par Germain Cornet, ingénieur, ancien élève de l'École centrale des Arts et Manufactures, répétiteur à cette École. Nouvelle édition revue et augmentée. 1 vol. in-8 oblong, 74 planches. Prix : 10 fr.

Cet Album contient les modèles des plus récentes modifications faites au matériel des chemins de fer; changements de voies, plaques tournantes, machines locomotives; système du Nord, Polonceau, Crampton à 8 roues; petite locomotive-tender de Hawthorn, etc., etc., et les fermes des dernières constructions des gares.

Quelques exemplaires coloriés seront mis à la disposition des amateurs.

Prix : 18 fr.

Sous presse pour paraître incessamment :

3ᵉ Appendice au **Portefeuille de l'Ingénieur des chemins de fer**, par MM. Perdonnet et Polonceau, contenant les détails des combles en fer du chemin de fer de la rive droite; nouvelles dispositions de voies employées en Angleterre, gare du chemin de fer de Paris à Strasbourg, etc. 12 planches in-folio avec le texte correspondant. Prix : 15 fr.

Cours élémentaire, théorique et pratique, de dessin linéaire à l'usage des arpenteurs, géomètres du cadastre, agents voyers, piqueurs, conducteurs des ponts et chaussées ; par feu M. Bardon. Nouv édition, revue, corrigée et augmentée par M. Barton (de Champ), ingénieur des ponts et chaussées.

Instruction sur l'usage de la règle à calcul, par feu M. Lapointe. Nouvelle édition revue et corrigée. In-12 avec figures.

www.ingramcontent.com/pod-product-compliance
Lightning Source LLC
Chambersburg PA
CBHW062011070426
42451CB00008BA/626